真壁昭夫

JN177581

ディープインパクト不況

中国バブル崩壊という巨大隕石が世界経済を直撃する

講談社+α《プラスアルファ》新書

はじめに――恐竜を滅ぼした巨大隕石にも匹敵する中国バブル

アメリカのドナルド・トランプ大統領は二〇一九年八月二三日、二五〇〇億ドル（約二六兆円）分の中国製品に課している制裁関税を一〇月一日以降二五％から三〇％に引き上げると発表した。さらに、ほぼすべての中国製品に制裁対象を広げる「第四弾」についても一五％を課すと表明した。

USTR（アメリカ通商代表部）によると、この対抗措置は、年間約五五〇〇億ドル（約五七兆円）にのぼる中国からの全輸入品への追加関税を、それぞれ五％上積みすることになる。

――アメリカと中国の貿易摩擦は、今後もさらに激烈な様相を呈していくだろう。

そうしたなか、中国経済は危機的状況を迎えつつある。二〇一九年七〜九月期の経済成長率は六・〇％となり、四半期ごとの数字を発表するようになった一九九二年以来、最低の数字となった。

しかし、この数字とて信用できるかといえば、必ずしもそうではない。中国人民大学国際通貨研究所副所長・向松祚《こうしょうそ》氏は、「中国国家統計局の特別班が内部報告用に作った統計によれば二〇一八年の成長率は一・六七％だった」と発表している（ただし、本書では中国国家統計局が公に発表している数字を採って論考を進めていく。なぜなら、その数字を追っていくだけでも、中国バブル崩壊の速度、マグニチュード、世界経済への影響が、はっきりと体感できるからだ）。

「日本経済新聞」の名物コラム「大機小機」（二〇一九年二月五日付）によれば、向教授は中国経済のマネーゲーム化に警鐘を鳴らしてきたが、二〇一九年初頭の講演では、「ミンスキー・モーメント」すなわち資産の投げ売りが始まる瞬間、あるいはバブルの崩壊点についても言及したという。中国国内の政府・企業・個人の負債総額が六〇〇兆元（約九七〇〇兆円）を上回ると見ているからだ。

さらに、以下のような事実を知っても、中国バブル崩壊の危機の本質が分かるのではないか。

「中国が二〇一一年から二〇一三年のあいだに使用したコンクリート量は六六億トン。アメリカが二〇世紀の一〇〇年間で使用したコンクリート量、すなわち四五億トンを三年間で使ってしまった」（カナダ・マニトバ大学名誉教授バーツラフ・シュミル著『Making the Modern World: Materials and Dematerialization』）

また、中国の二〇一八年末時点における高速鉄道の総延長は二万九〇〇〇キロ、日本の新幹線の総延長、すなわち約三一三〇キロに比べると、約一〇倍の長さとなる。しかし、以下のような意見を述べる識者がいる。北京《ペキン》交通大学の経済管理学院教授・趙堅《ちょうけん》氏だ。

「中国の高速鉄道は主として融資による債務に依拠しており、大規模な高速鉄道の建設は中国鉄路の負債を二〇〇五年の四七六八億元（約七兆七七二〇億円）から二〇一六年の四・七二兆元（約七七兆円）まで急増させた。

中国鉄路の収支は外部からは分かりにくいのだが、その公表された負債と旅客運輸収入のデータから考えると、たとえ高速鉄道の運営コストを考慮しない前提で、高速鉄道の全運輸収入を高速鉄道の建設に関わる借款《しゃっかん》の利子払いに充当したとしても足りないと判断できる。

その理由はこうなる。二〇一六年末の中国鉄路の負債は四・七二兆元だった。そのなかの少なくとも三・三兆元（約五三・八兆円）は高速鉄道二・二万キロの建設と動力ユニットの購入に投入されたが、これを年利四・七五％で利息を計算すると、毎年支払わねばならない借款の利息は一五六八億元（約二兆五五六〇億円）となる。二〇一六年における高速鉄道の運輸収入は一四〇九億元と推定できるので、一五六八億元の利息支払いにも不足する。

二〇一八年九月までの中国鉄路の負債総額はすでに五・二八兆元（約八六兆円）に達しており、地方政府が高速鉄道の建設で抱えている莫大《ばくだい》な金額の債務を考えると、巨額な高速鉄道の債務はすでに形成され、国家的な金融リスクが誘発されているのかもしれない」（日本語訳は「現代ビジネス」の北村豊《きたむらゆたか》氏の記事を参考にして要約）

二〇一八年一〇月に鳴り物入りで開通した世界最長の海上橋「港珠澳大橋《こうじゅおう》」も、その建設費は日本円で二兆円ともいわれる。香港《ホンコン》・マカオ・珠海《しゅかい》を結ぶ橋だが、その料金収入で借入金の元本を返済するだけでも三二〇年かかると計算されている。

加えて、中国の自動車市場の成長にも急ブレーキがかかっている。中国汽車工業協会（CAAM）によると、二〇一九年八月まで一四ヵ月連続のマイナスが続いている。「中国の二〇一九年上半期（一～六月）の自動車販売台数は、約一二三二万台と前年同期比一二・四％減と大幅に落ち込んだ。二〇一九年五月の自動車販売台数は前年同月比一

六・四％の減少となった」（JETRO資料を要約）

こうした中国経済の変調について、日本の超優良企業、日本電産の永守重信《ながもりしげのぶ》会長は、二〇一九年一月一七日に緊急会見を開き、「四六年間も経営をやってきて、月単位でこんなに落ち込んだのは初めてだ」と話している。そして、この経営環境の急激な悪化の原因は中国の景気減速にあるとし、また、その背景に米中貿易摩擦があると述べた。

この米中貿易摩擦は「米中経済冷戦」へと発展しつつある……中国バブル崩壊は避けられそうにない。アメリカの関税強化や知的財産権保護政策、そしてファーウェイ（華為技術）など個別企業への制裁は、そのバブル崩壊の刻《とき》を早めているのだ。

筆者は一橋大学卒業後、第一勧業銀行（現みずほ銀行）に入行し、そのあとロンドン大学ロンドン・ビジネス・スクールで学び、またメリルリンチ社ニューヨーク本社に出向した経験を持つ。国際的な視座から四〇年以上、世界経済を見つめ続けてきた。そうした経験からも、現在の中国経済の危機的状況は際だって見える。

ノーベル経済学賞を受賞したニューヨーク市立大学教授のポール・クルーグマン氏も、著書『２０２０年　世界経済の勝者と敗者』（講談社、二〇一六年）のなかで、中国バブルの規模を指し、「償却するのには一〇〇年かかる」という主旨の意見を述べている。

筆者は、第一勧銀総合研究所（現みずほ総合研究所）金融市場調査部長や、みずほ総合研究所調査本部主席研究員などを務めたあと、二〇〇五年から信州大学で、二〇一七年から法政大学で教鞭を執《と》ってきた。大学教員になってからも、銀行員時代に培《つちか》った数字に基づく正確な分析を心がけてきたつもりだ。そうした分析は本書で紹介していくが、読了したあとの読者諸氏の感想を予測してみたい。

「二〇二五年までには中国バブル崩壊は避けられない」――このようなものではないか。

筆者は経済学者だ。これまでに書いてきた著作は二〇冊以上を数えるが、そのほとんどは経済学の専門的な知見を述べたものである。

しかし本書は違う。「経済学の専門的な知見から導き出される近未来」を、経済学者の枠を超えて予見したものだ。

いまになってなぜ？　と聞きたい人もいるだろう。しかし今回は、敢《あ》えて警鐘を鳴らさざるを得なかった。

――中国バブル崩壊が世界経済に与えるマグニチュードは、二〇〇年の近代経済学の経験では答えを導き出せないほど巨大になる可能性があるからだ。人類史上最大の惨禍といっても過言ではないかもしれない。

中国バブル崩壊は、人類に、六六〇〇万年前に恐竜を絶滅させた巨大隕石——メキシコのユカタン半島に直径約二〇〇キロものクレーターを作った巨大隕石が、地球に衝突したかのような衝撃をもたらす可能性がある。そう、人類が経験したことのない「ディープインパクト不況」が到来するといっても良い。

こうした近未来が、かなり確実に導き出せると考えられるようになったとき、長い研究生活で得た知見を、「失われた三〇年」などと呼ばれる長期停滞に苦しんできた日本人に伝えたかった。「中国バブル崩壊に備えよ」と。

実際、日本経済への影響も顕著に現れている。本書を執筆中の二〇一九年九月二七日、財務省が発表した八月の貿易統計によると、日本の輸出額（確報）は前年同月比八・二％減の六兆一四一二億円、これは九ヵ月連続の前年割れで、中国向け輸出が一二・一％減となった。

こうした状況下、読者諸氏は本書で「ディープインパクト不況」を体感し、ぜひビジネスや将来設計に役立てて欲しい。それが叶《かな》えば、筆者としても幸甚《こうじん》の至りである。

なお、本書に登場する人物の肩書は、当時のものとさせていただいた。

二〇一九年一一月

真壁昭夫《まかべあきお》

目次◉ディープインパクト不況

第三章　バブル崩壊後の中国社会の悲劇

第四章　巨大隕石が世界経済に激突したとき

第五章　二〇三〇年の世界地図

終章　絶望的な数字、そして絶望した人々

第一章　世界経済を襲う中国バブルの正体

いま中国で何が起きているのか

中国は経済成長の限界を迎えつつある――この事実は、今後の中国の経済運営、また世界経済に与える中国の影響などを考えるうえで重要なポイントだ。

中国という国は、日本、アメリカ、EU各国などと異なり、中国共産党による一党独裁体制を敷いている。その中国は、二〇一九年に建国七〇周年を迎えた。言い換えれば、建国から七〇年もの間、多くの人々は共産党による支配を受け入れてきた。

その背景には、「共産党の方針に付いていけば、きっと自分たちの暮らしが良くなる」という期待があったはずだ。その結果、天安門事件（一九八九年）やチベット（二〇〇八年）やウイグル（二〇〇九年）における騒乱など、社会の混乱や衝突が発生しながらも、共産党による独裁が続いてきた。それが可能だったのは、共産党に求心力があったからだ。

共産党が主導して経済の成長を目指す国家資本主義のもとで高い経済成長率の実現を目指し、実際に人々がその恩恵を享受できた。そのことこそが、多様な文化的バックグラウンドや価値観、あるいは相反する利害を持つ人々を一つにまとめ、一党独裁体制を支えて

図表1　中国の実質GDP成長率（四半期ごと）の推移

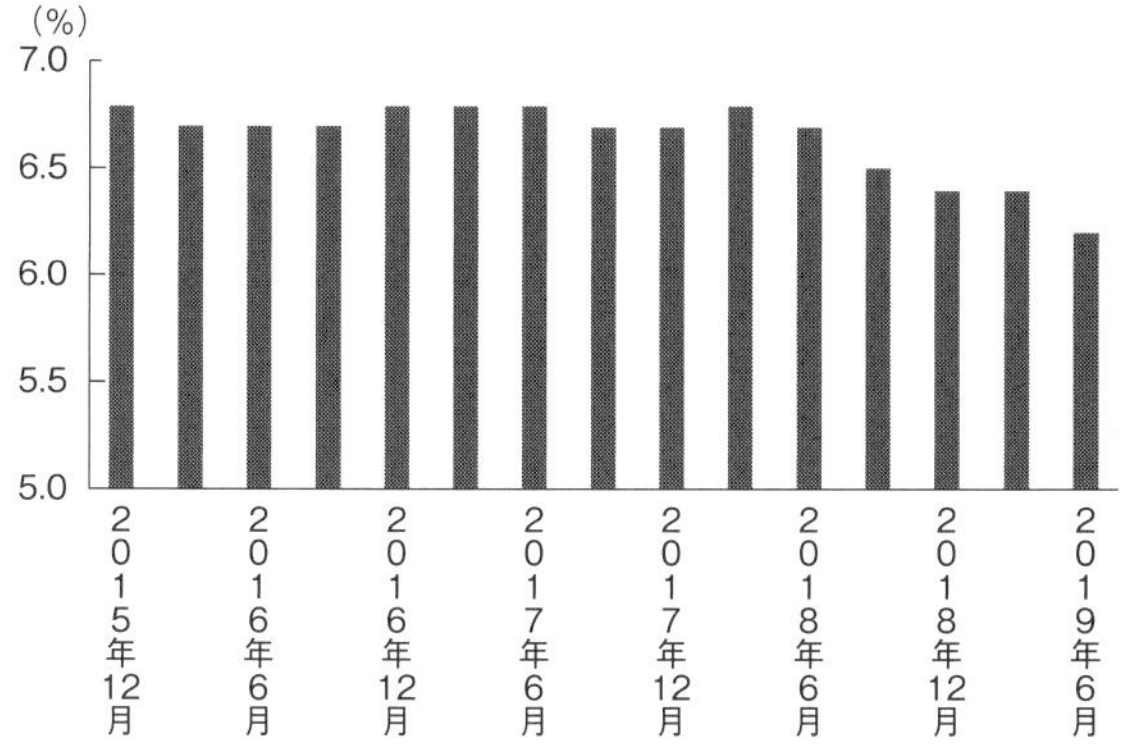

出所：中国国家統計局資料

きた理由だ。

　いま、その中国が、成長の限界に直面している。これは、かなり深刻な問題だ。

　二〇一八年後半から二〇一九年前半にかけてのGDP（国内総生産）の推移を見る限り、習近平《しゅうきんぺい》国家主席をはじめとする共産党指導部は、「こんなはずではなかった」と、まさに顔面蒼白《そうはく》となる状況に直面した。

　二〇一八年、中国政府は実質GDP成長率の目標水準を六・五％前後と、前年と同じ水準に設定した。二〇一八年の前半までは、中国経済は政府の計画に沿って推移したといえる。それは四半期ごとのGDP成長率の推移を見るとよく分かる。二〇一八年一～三月期の実質GDP成長率は前年同期比で六・八％

に達し、その後も二・四半期続けて六・五％を上回った。

しかし、二〇一八年一〇～一二月期のGDP成長率は、六・四％に落ち込んだ。この状況は、習近平国家主席をはじめ中国共産党の幹部らにとっては完全な想定外だった。さらに二〇一九年に入っても、成長率の水準は、右肩下がりの展開を続けた。

GDPとは、個人の消費、投資（設備投資など）、政府の支出、純輸出（輸出額から輸入額を引いたもの）の四つの需要項目を合算することによって求められる。言い換えれば、GDPとは、一国内で一年間に生み出された付加価値の合計額だ。GDPが増えるということは、企業が生み出した収益と、就業者が受け取る給与所得の合計額が増加することを意味する。

この定義に基づいて考えると、中国の企業の収益と給与の増加ペースは、徐々に鈍化している。それが続くと、人々が従来の支出を維持することが難しくなる。

二〇一九年四～六月期のGDP成長率は六・二％、七～九月期は六・〇％に低下した。七～九月期のGDP成長率の水準は、一九九二年以降で最低の水準に落ち込んだ。この結果、二〇二〇年の中国GDP規模を二〇一〇年比で二倍に引き上げるという国家目標の達成も危ぶまれ始めた。

この状況下、人々が二〇〇〇年からの一〇年間の中頃のように一〇%台の高い経済成長率を期待することは難しい。これは共産党政権にとって、支配基盤を維持することができるか否《いな》かの正念場《しょうねんば》である。

中国では新車の販売台数も伸び悩み始めた。これは、中国経済の今後を考えるうえで重要な示唆《しさ》を含んでいる。すでに中国の自動車販売市場は、アメリカを抜き、世界最大の規模にまで成長した。

二〇一八年、中国の新車販売台数は、前年から二・八%減少し、約二八〇八万台だった。この背景には、中国の人々にとって、自動車がどうしても欲しいモノではなくなりつつあることが強く影響している。需要が増えなければ、経済の成長は鈍化せざるを得ない。自動車には数万点もの部品が使われ、産業の裾野が広い。自動車業界の成長動向は、経済に無視できない影響を与える。

中国政府は大気汚染対策のために、電気自動車（EV）の普及を重視し、補助金を支給してきた。一時期、北京などの大都市では、人々の日常生活に支障が出るほど大気汚染が深刻化した。かつて、わが国が経験したように、大気汚染が続くと、人々の生命そのものが脅《おびや》かされる。その状況を放置することはできない。

大気汚染対策のために、中国政府は補助金政策を進めることによって、これまでのレシプロエンジンを搭載した自動車から、ＥＶなどの新エネルギー車へのシフトを目指した。今後も中国政府は、プライグインハイブリッド車（外部充電機能を持つハイブリッド車）やハイブリッド車も含め、環境に配慮した自動車の普及を重視していくだろう。

実際、中国政府はエンジン搭載車からＥＶへの乗り換えを人々に推奨してきた。それにもかかわらず、新車販売台数が伸び悩んでいるということは、人々が政府の指針に従っていないことを示唆している。共産党政権が多額の補助金を積み増したとしても、中国の人々の「消費意欲」は、そう簡単に高まらなくなっている。このように考えると、共産党主導で経済成長を実現するには限界がある。

鉄に見る途轍もない過剰生産能力

需要が飽和する一方、中国国内では過剰な生産能力の存在が顕在化している。つまり、必要とされる以上のモノを生み出す生産設備が増えている。

当然のことながら、必要とされないモノは売れない。売れないのであれば、付加価値を生み出すことはできない。それは、企業の財務内容の悪化につながり、債務問題（信用リ

図表2　中国の粗鋼生産量と世界生産量に占める割合の推移

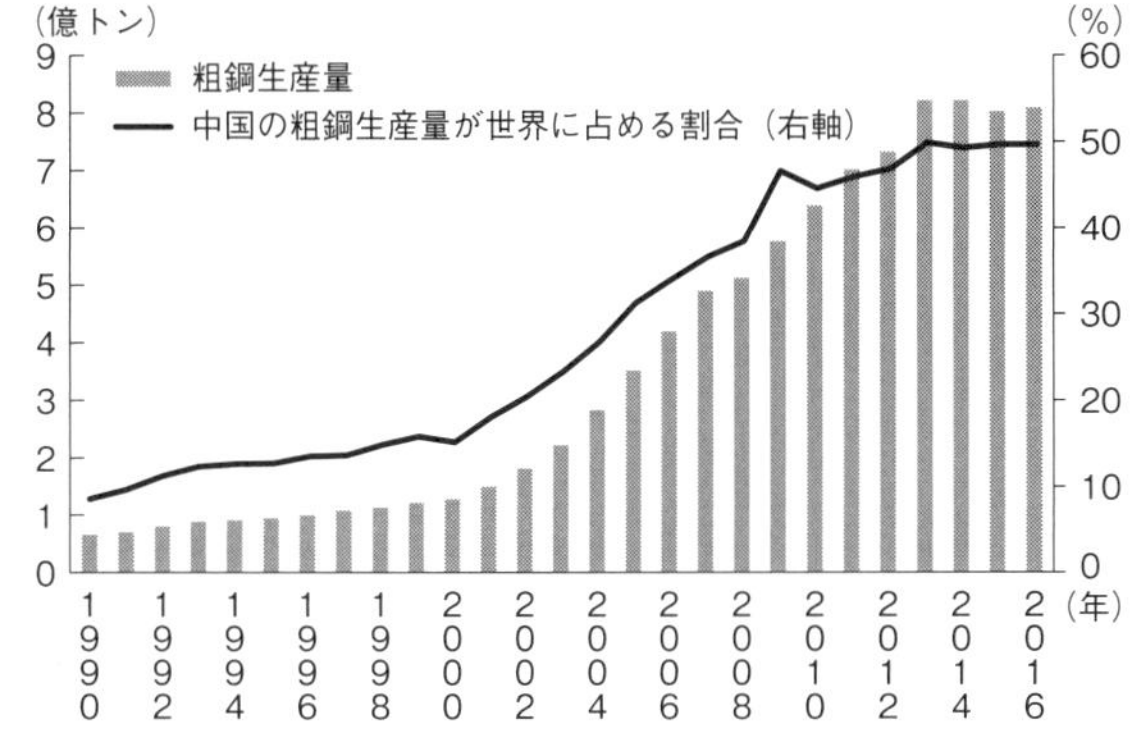

出所：経済産業省資料

スクの上昇）を経由して、経済の下方リスクを高める。中国鉄鋼業界における過剰生産能力はその最たる例だ。

基本的に、一国が必要とする鉄鋼の量は、経済の成長率に連動する。経済が成長する場合、インフラ整備などが進むことによって、橋梁《きょうりょう》や建物に使われる鉄鋼需要が高まる。反対に、需要が飽和し、成長率が鈍化すれば、鉄鋼需要は低下する。これが基本だ。

この経済原理に照らすと、中国の鉄鋼業界は、かなり深刻な状況にある。経済成長率が右肩下がりの局面に入っているにもかかわらず、粗鋼生産量が高止まりしてしまっているのだ。

二〇一八年に中国の粗鋼生産能力は年産九

図表3　中国鉄鋼産業の過剰生産能力と設備稼働率

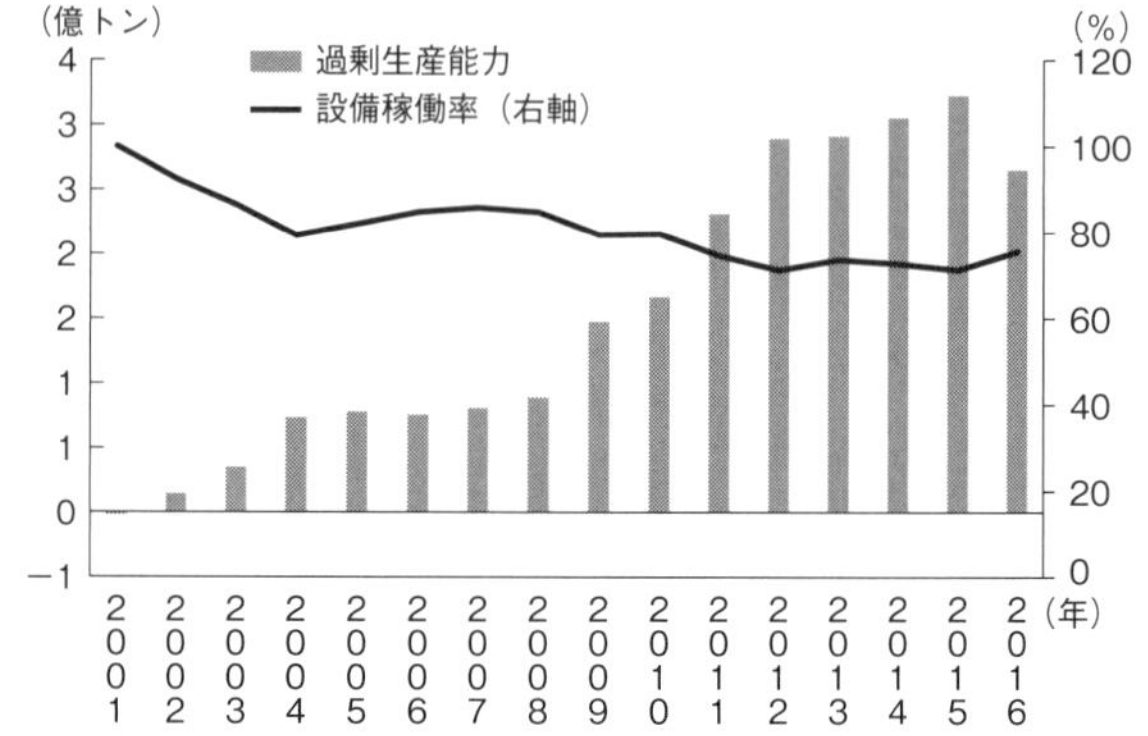

出所：経済産業省資料

億トンを突破し、世界市場におけるシェアも約五一％に達した。なお、わが国が一年間で生産する粗鋼の量は、およそ一億トンだ。このグラフと過剰生産能力と設備稼働率のグラフを重ねてみると、中国鉄鋼業界では、付加価値を生み出すことのできない設備が増えていることが読み取れる。

鉄を溶かす高炉は、一度火を入れると稼働し続けなければならない。ひとたび高炉を止めると、溶けた鉄が固まってしまい、復旧に莫大《ばくだい》なコストがかかる。この結果、中国の鉄鋼業界では必要とされないことが分かっていても、高炉を稼働し続けるしかないという状況が続いている。

過剰生産能力の問題は深刻であり、稼働率

は右肩下がりだ。中国政府としても、こうした過剰生産能力のリストラを進め、ヒト・モノ・カネがより成長期待の高い分野に再配分されるようにしたい。

ただ、それには、リストラという痛みが伴う。高い成長の恩恵を人々に届けることによって人心を掌握《しょうあく》してきた中国共産党にとって、成長が行き詰まり、ＧＤＰ成長率が徐々に低下する状況からどのように脱却し、社会を安定させるかは、まさに死活問題なのだ。

不動産から株、バブルの乗り継ぎ

二〇〇〇年代に入ってから今日まで、中国は、不動産から株式へ、そして、株式から不動産へと、「バブルの乗り継ぎ」を繰り返してきた。二〇一九年の上期を終えた時点で、中国経済では「不動産＝住宅のバブル」が発生している。

なお、中国における不動産バブルの実体は、土地（更地《さらち》）の値段が高騰するのではなく、住宅価格の高騰だ。中国では土地の所有権は国家に帰属するからだ。

同時に、中国の債務は膨張し、手を付けることが難しいと考えられるほどに状況は深刻化している。これが誰もがリスクと分かっていても問題が深刻すぎるために対応が難しいという「灰色のサイ」問題だ。

二〇〇〇年代に入ってから二〇〇八年九月一五日に発生したリーマンショックまでの間、中国でどのようにしてバブルが発生したかを確認しよう。以下、バブルの定義などを確認し、二〇〇〇年代初めから、どのように中国でバブルの乗り継ぎが発生したかを振り返る。

一般的に、バブルとは、理屈で合理的な説明が難しい水準にまで不動産や株式などの資産の価格が高騰する経済の環境をいう。歴史を紐解《ひもと》くと、大なり小なり、いつでも、どこかで、バブルは発生している。

バブルの対象となる資産のタイプは様々だ。一七世紀のオランダでは、チューリップの球根の価格が急騰する「チューリップバブル」が発生した。一九八〇年代半ばから一九九〇年初頭にかけてのわが国では、株式と不動産（土地）の価格が急上昇する「資産バブル」が発生した。またアメリカでは、一九九〇年代末から二〇〇〇年三月まで「ITバブル（IT関連企業の株価が急騰する株式のバブル）」が発生した。

このITバブルが崩壊したあとのアメリカでは、二〇〇五年半ばごろまで住宅価格が高騰する「住宅バブル」が発生した。そして二〇〇八年九月のリーマンショック後、アメリカでは中国の景気刺激策への期待から資源価格が急上昇し、それに加えてシェールガス開発への期待も高まったことで、今度は「コモディティー（商品）バブル」が発生した。

バブルの発生には、①カネ余り（中央銀行による金融緩和などを通した過剰流動性の出現）と、②成長への強い期待、が必要だ。

カネ余りは、中央銀行の金融政策に影響される。中央銀行が物価の安定や景気の刺激のために政策金利を引き下げると、徐々に、市場参加者の心理にはリスクを取るゆとりが出始める。その結果、株式や不動産など、より高い期待収益が見込める資産を保有しようとする動機が触発される。

そのうえで、市場参加者が「右肩上がりの成長が続く」「株価や不動産価格が未来永劫《えいごう》、上昇し続ける」というように成長を過度に期待し、それを信じ込むと、バブルが膨張する。

この成長期待については、論理的な説得力を伴っているとは限らないが、多くの人が成長が続くと信じ込んでしまうような、熱狂的な状況の出現が欠かせない。まさに、イェール大学のロバート・シラー教授が指摘したように「根拠なき熱狂」が広がるか否《いな》か、それがバブルの膨張に欠かせない。この結果、市場全体に群集心理が蔓延《まんえん》し、上がるから買う、買うから上がるという強気心理が連鎖する。

成長期待が高まるなかで、投資家（投機家）は少しでも多くの利得を手に入れようとする心理を強める。この結果、多くの市場参加者が将来の価格上昇をよりどころとして、「借り入れ（レバレッジ）」によって投資資金を増やし、より多くの収益獲得を目指すようになる。金融機関は、万が一、借り手の返済が行き詰まっても、担保となっている資産を売却すれば貸し出した資金を回収できると判断し、融資に応じる。この結果、バブルが発生すると、資産価格の上昇とともに家計や企業などの債務残高が急増する。

アメリカの例などを見ると、基本的にバブルは、株式から不動産、そしてコモディティーの順番で進むことが多いと考えられる。

レアアース（希土類と呼ばれる一七種類の元素の総称、レアメタルの一種）などを豊富に保有する中国では、自国内で、ある程度の資源を確保することができる。そのため、中国では株式と不動産の市場に資金が流入・流出を繰り返してきた。見方を変えれば、中国政府は規制の変更を通して特定の市場に資金が向かいやすい状況を生み出し、それによって、経済成長が徐々に低下に向かっていることへの不安や不満を逸《そ》らそうとしているように見える。

中国バブルが始まった瞬間

二〇〇〇年代に入り、中国経済の成長期待が高まった。その一方、緩和的な金融政策が維持された。この結果、成長への強い期待とカネ余りから、不動産市場を中心に投資（投機）資金が流入し、バブルが発生した。その後、投資資金は株式市場に流入し、株式のバブルが膨らんだ。

まず、二〇〇〇年ごろから不動産価格が上昇した。その後、不動産価格の下落とは対照的に、株式の価格（上海《シャンハイ》総合指数）が上昇した。これが、リーマンショック前の中国経済における不動産から株式へのバブルの乗り継ぎだ。

バブル発生の背景は次のようにまとめられる。

二〇〇〇年代前半、中国は繊維などを中心とする軽工業を中心に工業化の初期段階を歩んだ。これに伴い、農村部から都市部へ労働力の移動が起きた。

工業化の進展とともに、中国の資本蓄積が進み、雇用が創出された。これが、高い経済成長率の実現につながった。成長への期待に加え、中国の金融政策が緩和的に運営されていたことも重要だ。

経済が高成長を維持するなか、中国の金融政策は経済の実力に比べて緩和的に運営され

図表４　住宅価格と上海総合指数の推移

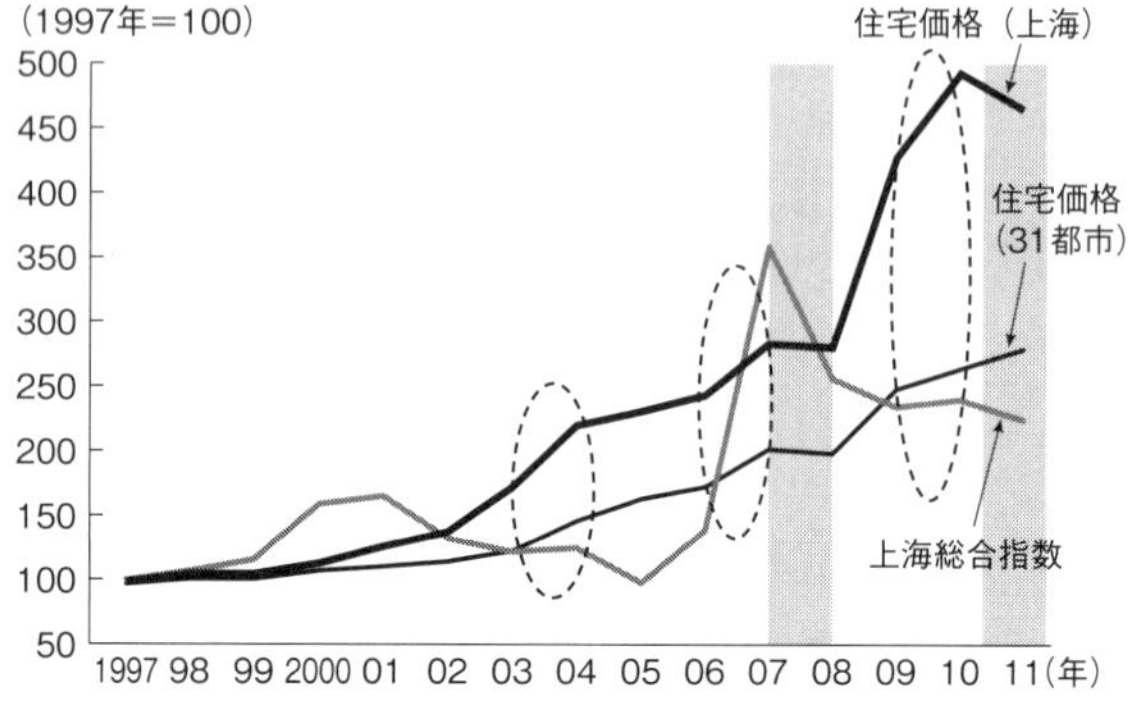

＊網掛け部分は金融引き締め時

出所：内閣府資料

た。基本的に、金融政策は経済成長率に沿って運営される。景気の拡大とともに資金の需要は増す。景気の過熱が放置されると、資産の価格が過度に上昇したり、需要の高まりなどからインフレ懸念が高まったりする。二〇〇〇年代前半の中国でも、消費者物価の上昇をどう抑えるかが政策上の課題だった。

物価上昇を抑えるためには短期の金利を引き上げることで資金需要を抑えなければならない。このため、GDP成長率が上昇して景気の拡大が続く場合、中央銀行は利上げを行い、金融を引き締める。

しかし、中国政府はこの対応を取らなかった。二〇〇三年以降、経済成長が加速するなか、中央銀行である中国人民銀行は、緩和的な金融環境の維持に努めた。

また、一九九七年にアジア通貨危機が発生してから二〇〇五年七月まで、中国政府は人民元の為替レートを固定した。これによって、中国は為替レートの変動をさほど気にすることなく、国内の産業育成に取り組み、輸出競争力の引き上げに注力できた。

しかし、二〇〇五年七月、中国政府は人民元の改革を発表した。それにより、ドルに対する人民元の「固定相場制度」が終了した。

代わりに中国は、通貨のバスケット（様々な通貨を組み合わせ各国通貨の動きを把握するための指標）を参照し、人民元の為替レートが一定の範囲内で変動するよう相場を管理した。これを管理フロート制という。

中国は為替レートを管理することによって人民元の上昇圧力を避けようとした。中国は、自国の経済の安定を重視し、人民元の為替レートが大きく変動しないよう、ドル買い・元売りの為替介入を積極的に行った。

すると、経済成長率が高まって緩和的な金融環境が維持されるなか、不動産（上海をはじめとする大都市の住宅）価格の上昇が鮮明化した。これが中国におけるバブルの始まりだ。

上海総合指数を四倍にした心理

農村部から都市部へ人口の流入が進むに伴い、都市部での住宅需要は急速に高まった。緩和的な金融環境のもとで住宅需要が増加し、その価格が右肩上がりで推移するという強気心理の高まりから、二〇〇三年ごろから住宅価格の上昇が鮮明化した。二〇〇〇年から二〇〇五年までの間に上海の住宅価格は二倍以上も値上がりし、不動産バブルが膨張した。

都市の等級別に住宅価格の推移を見ると、まず一級都市（上海、北京、深圳《シンセン》など）の価格上昇が進んだ。それを追いかけるようにして二級都市（大連《だいれん》、ハルビンなど）や三級都市（三亜《さんあ》、桂林《けいりん》など）の住宅価格が上昇したことが分かる。

この背景には、大都市の住宅が富裕層の資産運用対象として扱われたことがある。つまり、所得格差の拡大から、大都市で住宅を確保できなかった人が二級都市や三級都市の住宅を買い求め、バブルが膨張したのだ。

二〇〇七年ごろになると、中国人民銀行は、景気の過熱を抑えるために金融引き締めを行った。この結果、不動産市場に流入してきた過剰流動性が吸収され、不動産への投機熱

図表5　都市の等級別に見た新築住宅価格の推移

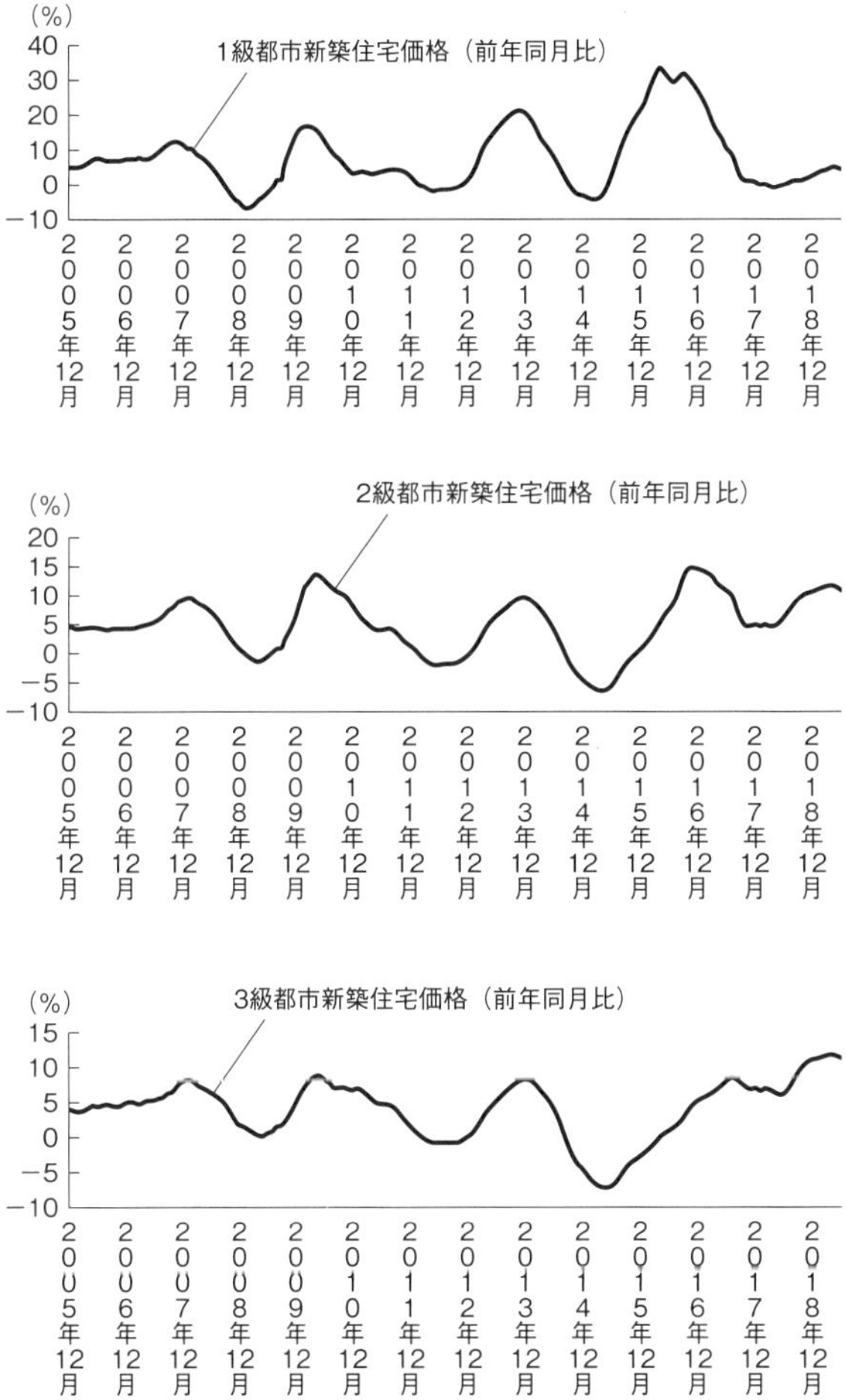

出所：中国国家統計局資料

図表6　上海総合指数の推移

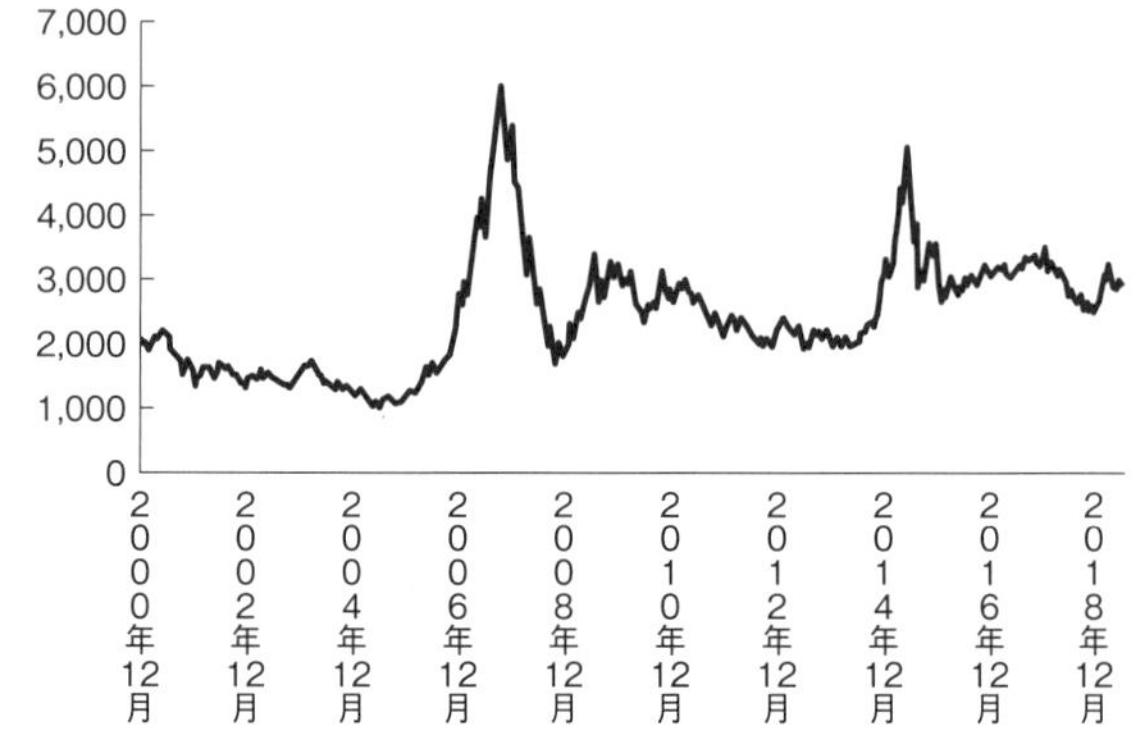

出所：Google Finance

は鎮静化《ちんせいか》し、住宅価格は下落。不動産バブルは、いったん収束した。

　こうして不動産市場から抜け出た資金は、今度は株式市場に流入した。この背景には、様々な理由が指摘されている。しかし株価の急速な上昇を見る限り、一九八〇年代半ばから後半にかけての日本でもてはやされたように、企業や富裕層による「財テク」が横行し、上がるから買う、買うから上がる、さらなる利得を得るために借り入れ、レバレッジをかける、といった過度な強気心理によるところが大きい。

　人々が常に合理的であったなら、二〇〇五年末から二〇〇七年末の間に上海総合指数が四倍超にも上がることはなかったはずだ。

約五七兆円の景気刺激策の対象

リーマンショック後に、中国では、主に不動産のバブルが発生してきた。

二〇一五年には、短期間に中国の本土株が急速かつ大幅に上昇する場面もあったが、この株式のバブルは長続きしなかった。中国政府は、規制に加えて金融政策を駆使し、住宅の価格が大きく落ちず、かつ上がりすぎないように取り組んでいる。その背後には、住宅価格は上昇するという中国の投資家心理を活用して国内に資金をとどめ、当面の経済・金融システムの安定を目指したい共産党の本心がある。

リーマンショックが発生したあとの二〇〇八年一一月、中国政府は四兆元（当時の邦貨換算額で約五七兆円）の景気刺激策を実施した。この景気刺激策では、内陸部のインフラ投資や国有企業による大規模な設備投資に重点が置かれた。中国は生産能力の増強やインフラ投資のために、鉄鋼、銅、板ガラスなど、様々なモノの生産能力を増強するだけでなく、資源を世界から買いあさった。この結果、世界的にコモディティー（商品）バブルが発生した。

それに合わせて、中国人民銀行は金融を緩和した。この結果、中国経済ではカネ余りが

図表７　主要70都市の新築住宅価格の変化率（前年同月比）

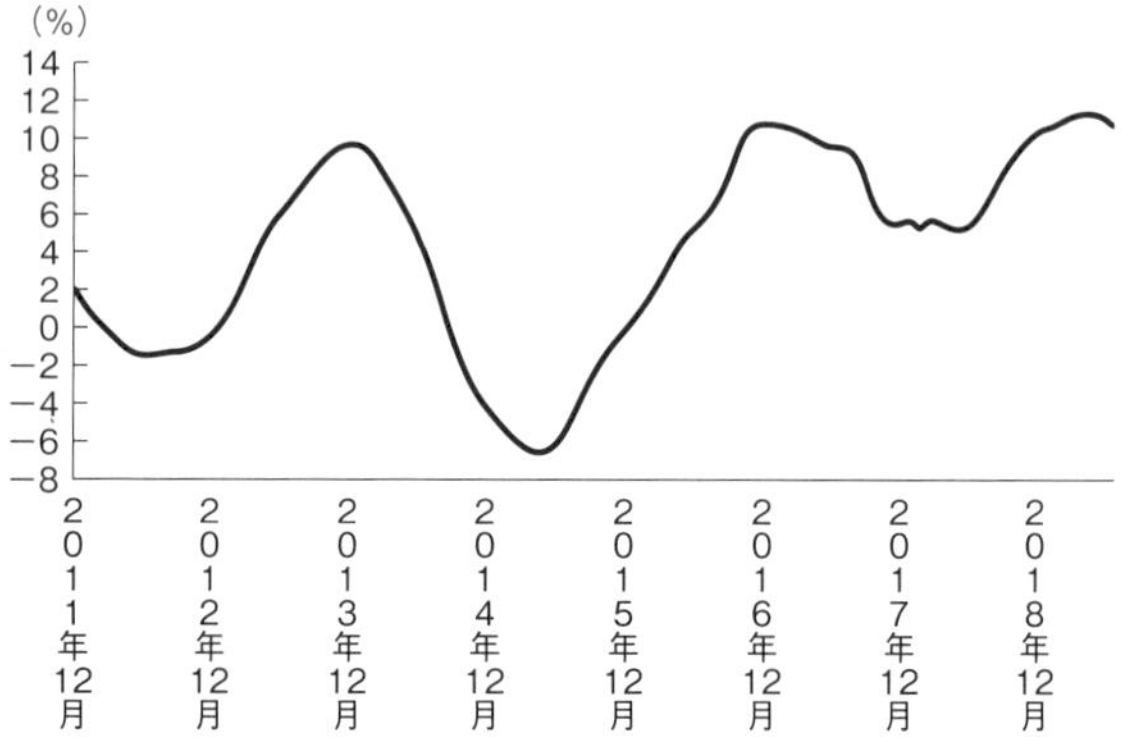

出所：中国国家統計局資料

発生し、過剰流動性が不動産市場に流入した。こうして、リーマンショック後の中国経済では、再度、不動産のバブルが膨らんだのである。

ただ、この不動産価格の上昇は長続きしなかった。なぜなら、二〇一〇年に入ると、中国政府が不動産取得に関する規制を強化したからだ。具体的には、二軒目の住宅購入に必要な頭金の比率引き上げなどが実施された。デベロッパー向けの融資審査の厳格化も実施された。

また二〇一〇年一〇月から、中国人民銀行は、大都市における住宅価格の高騰を鎮静化するために金融引き締めを実施した。二〇一一年に入ると、住宅価格の上昇ペースが速い地域における購入制限なども導入された。

　その後、中国人民銀行は、二〇一二年六月に利下げを行い、再度、不動産市場に資金が流入した。二〇一三年を通して住宅価格には上昇圧力がかかり、バブルが再膨張した。しかし二〇一四年に入ると、住宅価格は下落した。

　このときの住宅価格の下落は、中国の地方政府の財政にも負の影響を与え始めた。中国の地方政府は、土地の使用権を不動産の開発業者に売却することで、歳入全体の三〇％程度を確保していると見られる。そのため二〇一四年、住宅価格の下落を受けて、地方政府の土地使用権売却による収入が、前年から大きく落ち込んだ。

　この結果、中国政府は、地方政府が借金借り換えのために債券を発行することを認めた。加えて二〇一四年一一月以降は、中国人民銀行が積極的に金融緩和を実施し、不動産市場の下支えが行われた。同時に中国政府は、再度、住宅価格下落のマグニチュードを緩和するために、株式市場への資金流入を促進しようとしたのだ。

国内投資家保護を目指す金融改革

中国の金融システムは、政府の強力な管理と監督（監視）のもとに運営されている。大

図表８　中国本土での株価の推移

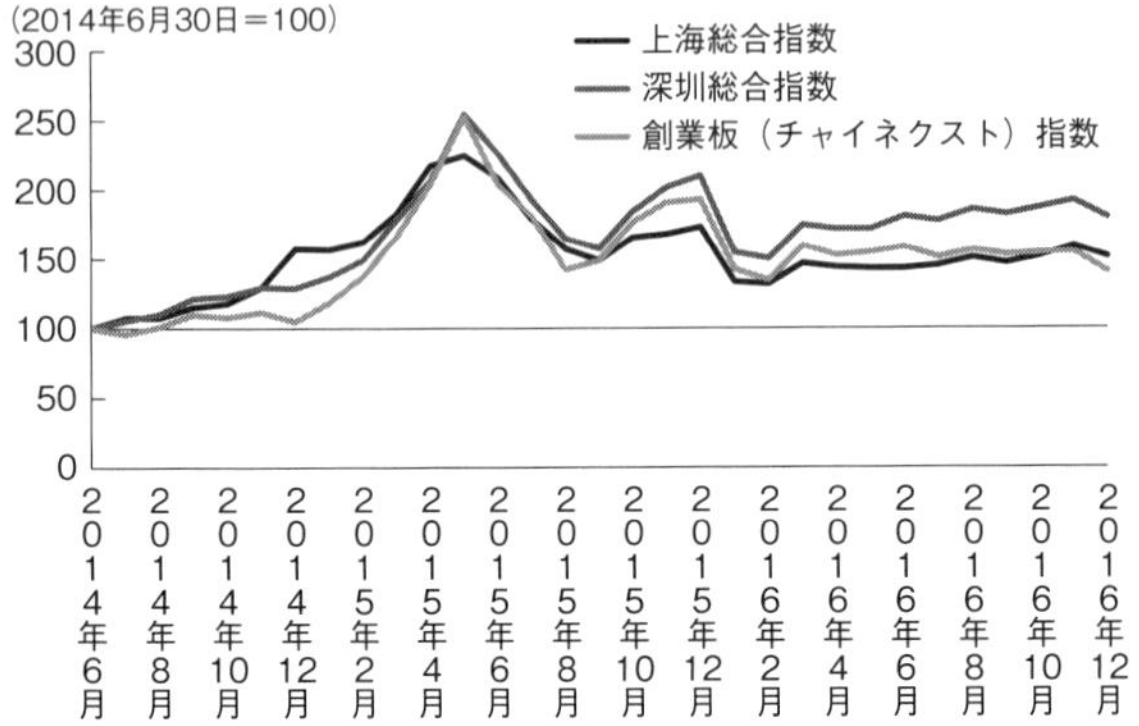

出所：Google Finance

手銀行の貸出金利と預金金利は政策によって定められている。加えて、リーマンショック後の中国政府は、資金の海外流出に対し、従来以上に目を光らせてきた。

　ひとたび中国本土からオフショア市場（海外市場）に資金が大規模に流出し、当局がそれを食い止めることができないと、中国の金融システムが麻《ま》痺《ひ》し、経済運営に大きな支障が生じる恐れがある。これを防ぐためには、不動産から株式へ資金の流入を促すことによって、人々が利得追求に向かう環境を整備することが欠かせない。

　二〇一四年から二〇一五年にかけて、あたかも振り子が不動産から株式に大きく振れるように、バブルの乗り継ぎが発生した。

二〇一四年一一月には、香港《ホンコン》取引所と上海証券取引所の「株式相互取引制度」が開始された。この制度は、外国人投資家が、株式取引が規制されてきた上海の株式市場において自由に取引を行うことを認めるものだ。見方を変えれば、中国政府は国内の個人投資家などを守るために、外国人投資家を本土株式市場に招き入れ、買いの量を増やし、資産効果の高まりを目指したのである。

実際、相互取引の開始は強力に株価の上昇をサポートし、不動産バブルから株式バブルへのバトンタッチが実現した。個人投資家らにとって、相互取引の開始は、国家が真剣に株式市場の開放を進めて資金流入を増やそうとしていることの表れに映っただろう。

政府の意を汲《く》むようにして、多くの個人投資家が株式を買い、買うから上がる、上がるから買うという強気心理が連鎖し、中国本土株が急上昇した。上海や深圳の総合指数、および深圳証券取引所にある新興企業向け市場の創業板（チャイネクスト）指数は、二〇一四年六月末から一年程度の期間で、二倍以上も上昇した。

当時、地方政府の財政悪化や国有企業の過剰生産能力の顕在化、家計の債務増大など、「債務リスク」の上昇への懸念が高まった。それにもかかわらず、比較的短い期間で株価が急騰したことを、合理的な理屈で説明することは難しい。

バブルのソフトランディングは？

その後、二〇一五年夏場に中国の本土株価は急落し、政府は強力に相場に介入することによって株価を支えようとした。同時に中国人民銀行は利下げを行った。加えて、中国政府は上場企業の大株主に対し、株式の売却を六ヵ月間禁止した。これによって強制的に売り圧力を封印し、株価の下落を食い止めようとしたのだ。

二〇一六年一月、株式売却禁止措置《そち》の終了が近づくなかで、中国経済への懸念が急速に高まった。五〇を境に景気の強弱を示すＰＭＩ（購買担当者景況感指数）の製造業指数、これが五〇を下回り、先行きへの懸念が高まるなか、多くの投資家が中国株を手放そうとした。このとき中国政府は、価格が一定以上に変化した際に売買を強制的に停止する「サーキットブレーカー」を発動した。

この背景には、二つの考えがあったはずだ。一つは、金融システムの混乱を防ぐために国家権力によって強力に売りを排除し、中国共産党の意に沿った株価形成を目指すこと。もう一つは、個人投資家の保護である。

そもそも、二〇一五年半ばまでの株式のバブルは、政府の制度設計によってもたらされた側面が強い。中国の個人投資家にとって制度の変更は、政府が対象市場への資金流入を重視しているというシグナリング効果を持つ。反対に、バブルが崩壊したあとに政府が対策を打たないのであれば、人々は「共産党に裏切られた」と感じるだろう。

それを防ぐために、中国政府は、強硬な姿勢で株式市場に介入した。その後も株価が大きく下落するたび、「国家隊」と呼ばれる政府系の投資ファンドなどが本土株を買い入れ、相場の安定に取り組んでいる。

これはまさにPKO（Price Keeping Operation：政府による株価維持政策）だ。

二〇一五年年央の株式バブルの崩壊を受けて、中国政府は不動産市場の安定を重視する方針を鮮明にした。二〇一四年から二〇一六年まで、中国政府は不動産投資規制を緩和し、再度、資金の流入を促した。また、スラム街の再開発も実施され、全体としては地方都市を中心に、不動産価格に上昇圧力がかかりやすい状況が続いた。

二〇一七年の中央経済工作会議では、三級都市と四級都市のインフラを向上させ、農村から都市部への移住を増やすことが目指された。二〇一七年以降、中国政府は「住宅は住むためのものであり投機対象ではない」との方針を示しつつ、都市ごとの住宅市場の状況に応じた政策を採る方針を示している。これは、大都市の不動産価格を安定させつつ、地方都市の開発を進めて住宅需要を喚起し、景気を支えようとする考えの表れである。それはバブルの延命というにふさわしい。

このように、リーマンショック後の中国経済では、主に不動産のバブルの膨張と収縮が政策的にコントロールされてきた。

興味深いのは、住宅価格が大きく下落した場面が出現したにもかかわらず、人々が住宅投資を続けていることだ。政府の不動産投機規制の変遷を見ると、二軒目の住宅取得に対する頭金の比率の上昇、および貸出金利の引き上げが行われてきた。この規制を見る限り、中国人にとって住宅とは、価格の値上がりが期待でき、転売によって利益を手に入れることが期待できる資産である。そうした認識が強いと考えられる。

ただ、資産価格が永久に上昇し続けることはあり得ない。歴史を紐解《ひもと》くと、資産価格の上昇はどこかでピークを迎え、その後は急速に価格が下落する。

バブルがはじけると、バランスシート調整と、不良債権処理という「バブルの後始末」を進めなければならない。そのうえで、成長期待の高い分野に経営資源が再配分されるよう、経済の構造を変革することが重要となる。しかし、それには一時的な失業の増加など、痛みが伴うのだ。

図表9　米中日の名目GDPの推移

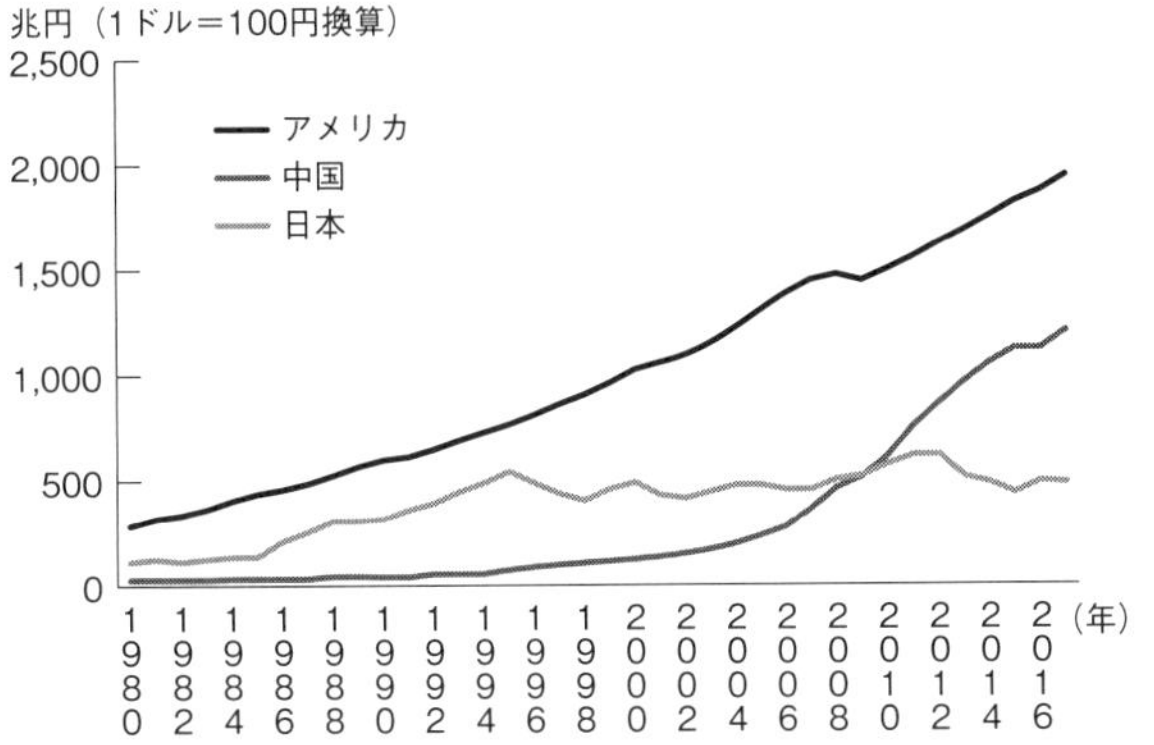

出所：IMF資料

経済成長が限界を迎えた中国政府は、国民に痛み（負担）を強いたくはない。中国政府は不動産バブルのソフトランディング（軟着陸）を目指している。つまり、公共事業などで景気を支えつつ国内の過剰生産能力のリストラを進めて債務残高を減らし、それと同時に不動産価格の過熱感を鎮静化させたい。ただ、日本やアメリカのバブルの教訓に照らすと、バブル経済のソフトランディングは困難だ。

いずれ、中国のバブルの乗り継ぎは限界を迎え、不動産バブルは崩壊するだろう。その際、中国政府がいかにしてバブルの後始末と構造改革を進めることができるかが問われる。

中国経済はなぜ成長してきたのか

中国において不動産と株式のバブルの乗り継ぎが始まった背景には、中国経済に対する成長への強い期待があった。時系列に中国の成長率の動向などを確認したうえで、何が経済成長を支えてきたかを確認する。

中国国家統計局の数字が正しければ、二〇一〇年、中国経済の規模はわが国を上回り、世界第二位の経済大国に躍り出た。しかし、その高成長は、リーマンショックの発生とともに終焉《しゅうえん》を迎えたと考えられる。その後の成長は、四兆元の景気刺激策をはじめ、投資（インフラ投資や国有企業による設備投資など）によって、ある意味「人為的に」持ち上げられているとしか思えない。

この点を確認するために、具体的に、個人の消費、貿易、総固定資本形成がGDPに示す割合を時系列で確認する。これにより、中国経済が何によって経済成長率を高めてきたかが分かる。

経済成長を産業活動ごとに考えると、経済発展のごく初期段階では、第一次産業（農林水産業）が経済の主要な部分を占める。その後、徐々に工業化（industrialization）が進

図表10　個人最終消費支出がGDPに占める割合の推移

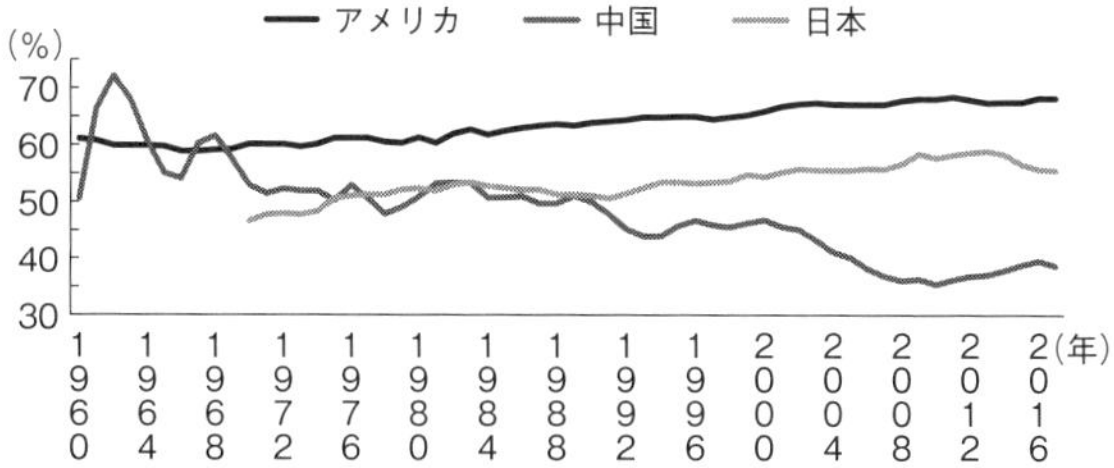

図表11　貿易がGDPに占める割合の推移

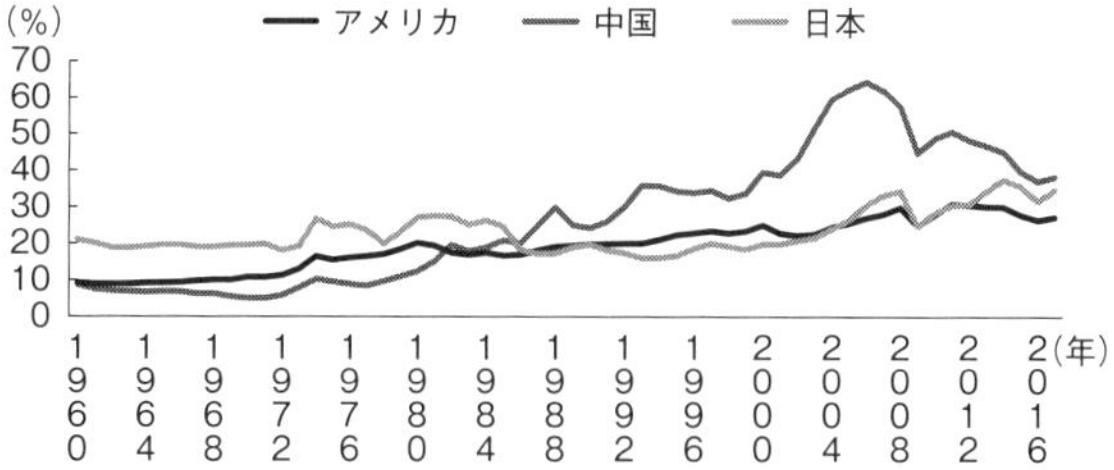

図表12　総固定資本形成がGDPに占める割合の推移

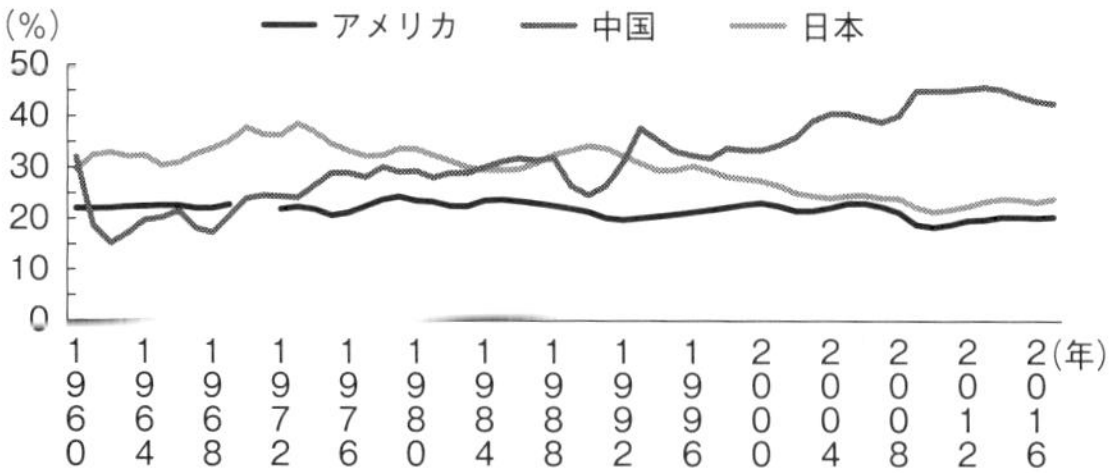

図表10～12 出所：世界銀行資料

む。工業とは、原材料を入手し、それを加工して製品（モノ）を作る活動をいう。家内制手工業から問屋制手工業、そして工場制手工業へと工業化が進み、国内経済の資本（生産のために用いる設備や施設）の蓄積が進行して、生産性が高まる。

まず、個人消費は、経済の安定を支える重要な基盤だ。日本の個人消費はＧＤＰの約六〇％弱を占める。アメリカではＧＤＰの約七〇％が個人消費によって生み出されている。一方、中国の個人消費の割合は、右肩下がりの傾向が続いている。

この傾向を見る限り、中国経済の成長は消費の増加によってもたらされているのではない。経済全体が成長してきたにもかかわらず個人消費が増えていないということは、むしろ、国全体が成長の恩恵を共有する環境が整備されていない、ということだ。これは、中国経済が抱える深刻な問題である。

成長の原動力は輸出から投資に

次に貿易と総資本形成がＧＤＰに占める割合を見ると、リーマンショックが発生するまで、中国の貿易依存度と総資本形成がＧＤＰに占める割合は増加した。これはリーマンショックまでの中国が、工業化の初期段階を歩みつつ国内の生産設備を整えることによっ

図表13　名目GDP成長率の推移と需要項目別の寄与度（暦年）

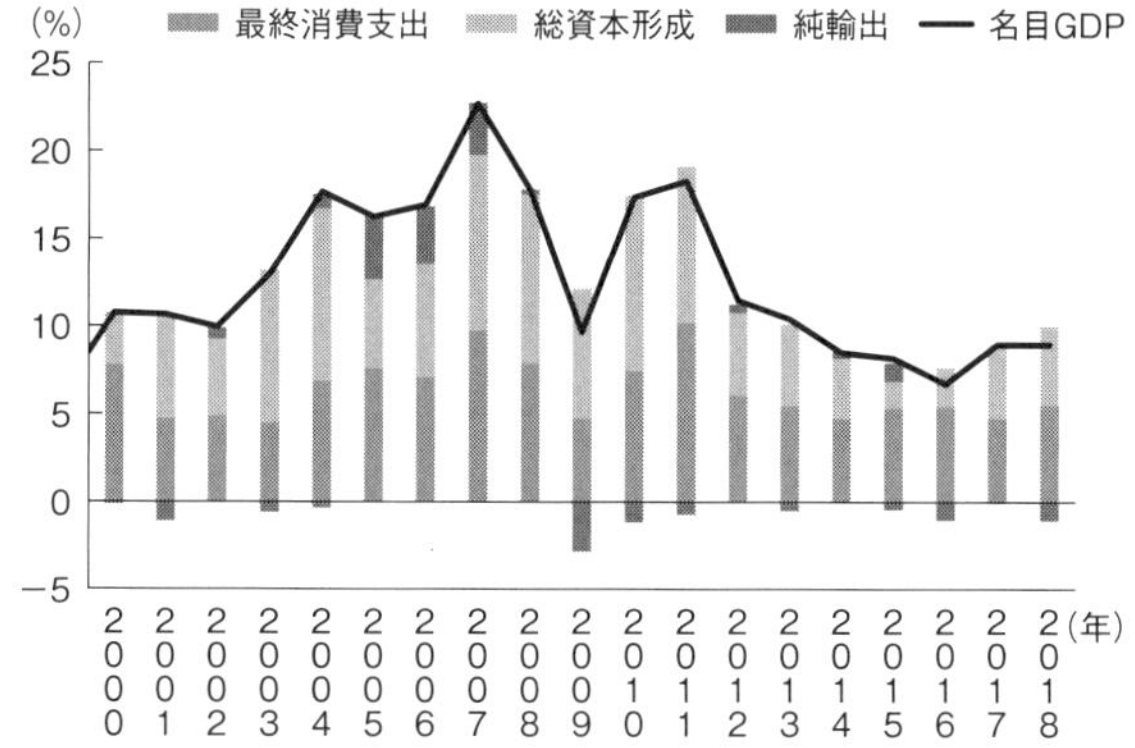

出所：中国国家統計局資料

て、「世界の工場」としての地位を確立してきたことを示す。

この結果、リーマンショック前までの中国経済は、輸出主導型の成長を実現した。なお、資本形成とは、住宅、建造物、機械、設備などの形成を指す。これは広義の「投資」と考えれば良い。

改革開放（一九七八年）以降、中国は工業化を進めることで、徐々に生産能力を高めてきた。そのうえで、鄧小平《とうしょうへい》による南巡講話（一九九二年）以降は、海外企業の中国進出が進んだ。こうした状況下、中国は、農村部の豊富で安価な労働力を用いることにより低コストの生産活動を行い、それを輸出することで付加価値を獲得する経済体制を確立した。中国の輸出競争力が高まるとともに生産能力が積み増しされることによって資本の蓄積が進んだ。

一方、リーマンショック後は、貿易増加と資本形成の速度に変化が表れた。貿易が急速に減少する一方、資本形成投資がGDPに占める割合が上昇基調で推移しているのだ。つまり、リーマンショックの発生を境に、中国経済では、輸出主導型から投資牽引《けんいん》型へと、経済成長の原動力が変化したのだ。

GDPに占める総資本形成の割合を別の角度から考えると、これは、付加価値一単位を生み出すために、どれだけの資本が必要かということを意味する。一〇の資本で一〇〇の付加価値を生み出すことと、五〇の資本で一〇〇の資本を生み出すことを考えれば、明らかに前者のほうが効率的だ。

すなわち、成長率が低下するなか中国の総固定資本形成がGDPに占める割合が上昇しているということは、資本の効率性が低下していることに他ならない。中国では、一単位の資本が生み出すことのできる付加価値が小さくなり続けている。

以上の内容をもとに経済成長率に対する需要項目の寄与度を見ると、輸出から投資へと経済成長のエンジンがシフトしてきたことが、よりはっきりと確認できる。

人為的に経済成長率を嵩上げし

二〇〇〇年代に入り、中国の貿易依存度が高まるなか、中国の純輸出（輸出額から輸入額を引いたもの）は経済成長率にプラスに働いた。リーマンショック後は純輸出の寄与が極めて小さくなる一方、資本形成が経済成長率の水準を左右している状況にある。

特に、二〇一七年は、経済成長率が若干ながら高まった。これには、資本形成が大きく寄与している。言い換えれば、中国政府は国内のインフラ投資などを進めることによって、人為的に、経済成長率をジャッキアップしたのである。つまり、資本の効率性が落ちているとはいえ、相応の額の投資を実行すれば、短期的にはGDPの水準そのものは高まるということだ。

問題は、その効果がどの程度、長続きするかだ。新しい需要が見当たらないのであれば、投資の効果はごく一時的なものに留《とど》まる。それだけでなく、効果の出方も徐々に小さくなる。これは、今後の中国経済を考えるうえで見逃せない。

二〇一四年ごろから、習近平《しゅうきんぺい》国家主席は、「新常態（ニューノーマル）」という言葉を使い始めた。中国におけるニューノーマルとは、大規模な景気刺激策を活用するのではなく、構造改革を進めつつ、持続的な中程度の成長率の実現を目指す考えだ。端的にいえば、「痛みを伴う構造改革を進め、長期的に安定した経済環境を目指す」――これが中国におけるニューノーマルのコンセプトだ。この考えは、投資に依存した経済運営から徐々に脱却することを目指すものである。

ところが二〇一七年一〇月、五年に一度の中国共産党の党大会――。この大会において国家主席の任期を撤廃し、自らの支配基盤をより強固かつ長期的なものにしたかった習近平は、妥協した。当初の方針とは異なり、さらに投資に依存して経済成長率を高める政策を採らざるを得なかった。

これは、中国にとってニューノーマルの実現が容易ではないことを示唆《しさ》する。投資に依存した経済運営をやめようにも、国家主席でも、それを有言実行することはできない。不動産のバブルが残り、国内の過剰生産能力の問題も解消されないなか、中国の資本効率は低下し、投資に依存した経済成長は難しくなっている。

中国経済に必須な三つの課題

中国経済の課題は主に三つある。みな中国経済にとっては必須のものだ。

それらは、「バブルの後始末（バランスシート調整と、不良債権の処理）」「構造改革の推進」「新しい産業の育成」である。この三つの取り組みを同時並行的に進めることができるか否かによって、中国の将来は大きく変わる。そう考えると、共産党政権が不動産バブルにどう対応していくか、それが重要だ。

ただし中国経済は、この三つ以外にも、一人っ子政策による人口構成の不均衡や、高齢者がリタイアメントを迎えるための社会保障など、重大な問題を抱えている。

中国政府は、改革を進めなければならないことを、頭では理解している。改革が進まない場合、収益を生み出すことが難しい「ゾンビ企業」が生きながらえ、経済の効率性が低下してしまう。しかし、実際に習近平国家主席の経済運営を見ていると、構造改革の推進は、口でいうほど容易なことではないことが分かる。

一九九〇年代、わが国は、この三つの問題に直面した。しかしバブルの後始末を先送りし、構造改革には消極的だった。その結果、先端技術の開発に取り組むことができず、経済のダイナミズムを弱めてしまった。現在の中国は、三十数年前のわが国が体験した状況に直面している。

一九八〇年代半ばから、わが国では低金利と資産価格の上昇に関する過度な期待から、

図表14　日経平均株価の推移

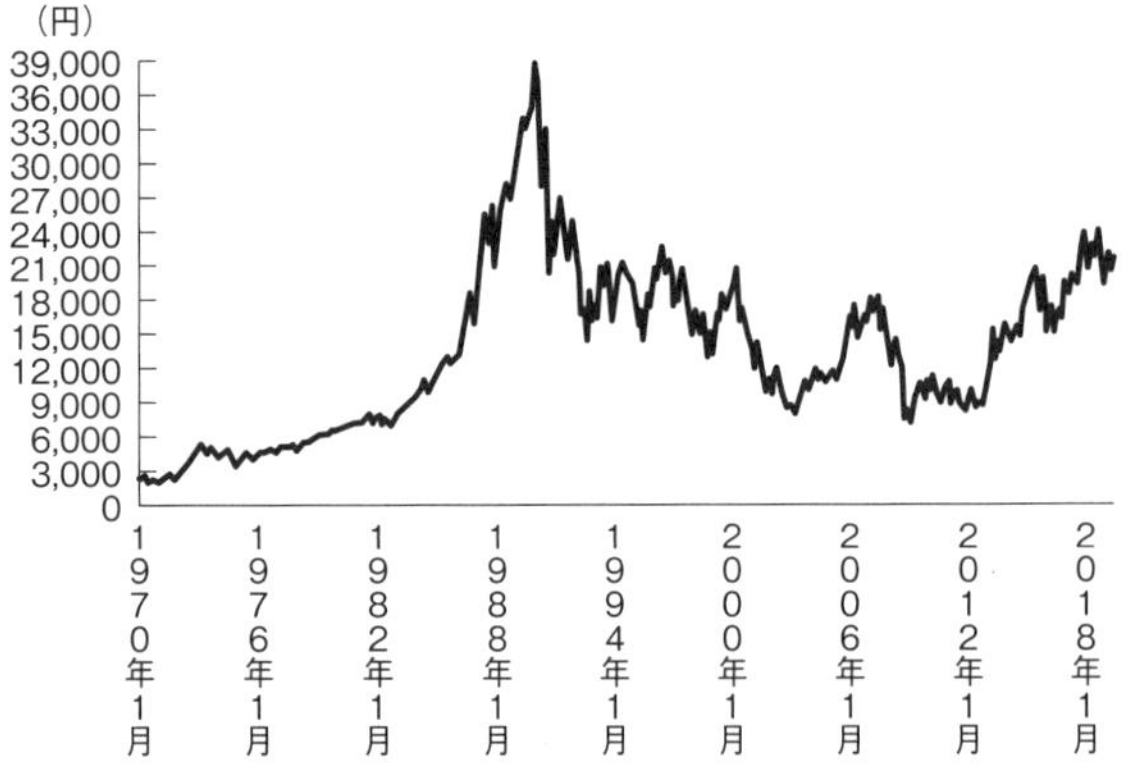

出所：Google Finance

図表15　地価と名目GDPの推移

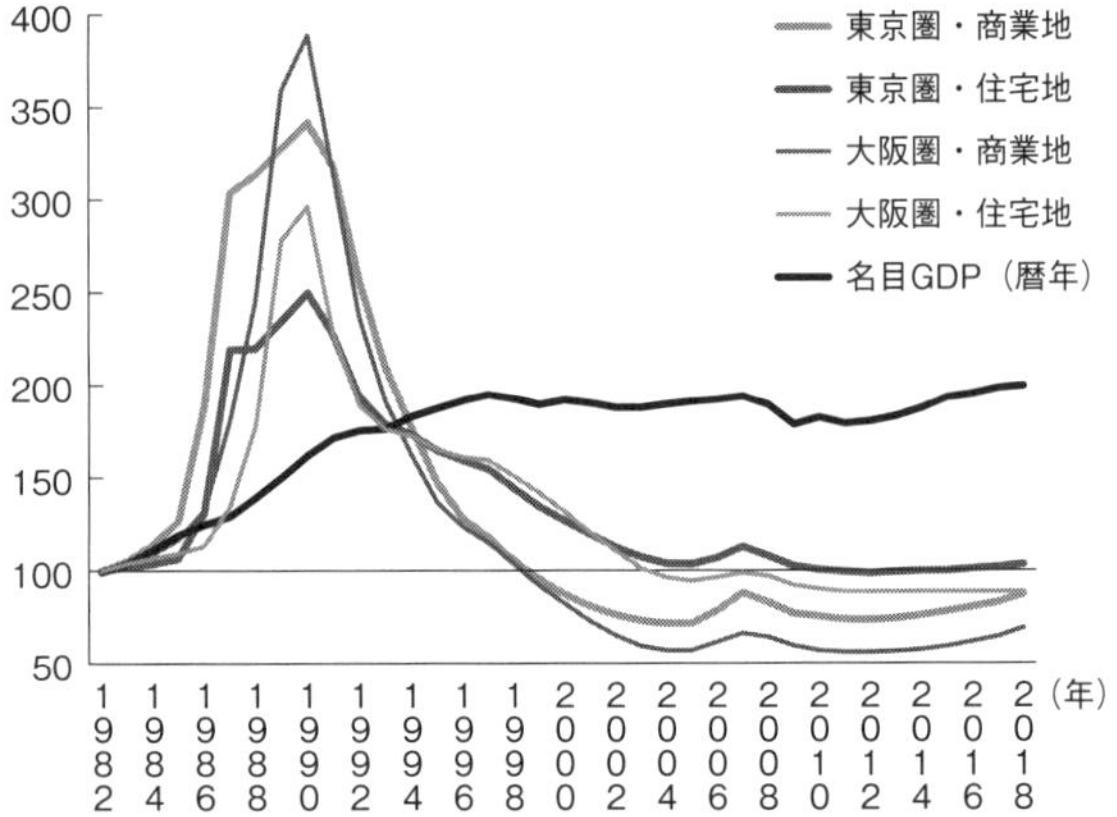

（注）①公示価格（各年1月1日現在）は発表年の1年前年にずらしたうえで、1982年（1983年1月1日公示価格）を100とし、各年の数値を指数化。②名目ＧＤＰ（暦年）は、1982年を100とし、各年の数値を指数化。
出所：国土交通省資料

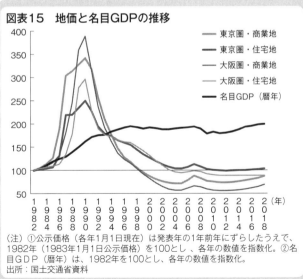

株式と不動産の価格が大きく上昇する「資産バブル」が発生した。しかし一九九〇年代初頭、このバブルは崩壊した。それに伴い、相場が高騰してきたときよりもはるかに速いスピードで資産価格が下落した。これは、日経平均株価と地価の下落を見れば、一目瞭然《いちもくりょうぜん》である。

急速な資産価格の下落を受けて、わが国の経済成長率は鈍化した。一九九〇年代半ば以降、名目GDPはほぼ横ばいだ。

なぜ、成長が行き詰まったか。その理由は、日本経済のアニマルスピリットが抑圧されてしまったからだ。わが国政府は、バブルの後始末を先送りした。バブルが膨張するなか、多くの人が借り入れを行ったうえで財テクに走り、より多くの利得確保を狙う。しかし、ひとたびバブルがはじけると、売るから下がる、下がるから売るという負の連鎖が起きる。資産の下落スピードが急速であるため、人々は保有していた資産を投げ売りする。

同時に、借入金の返済のためにも、バランスシート上の資産を圧縮して資金を確保しなければならない。資産の価格が下落するのに対して、負債の額面は変わらない。バブル崩壊に伴い保有資産の価値が低下し、借入金返済の負担は増加する。相場の下落が急速であるため、債務返済に行き詰まる企業や個人が増加し、不良債権問題が深刻化する。この展開を避けるためには、バランスシート調整が起きた段階で、政府が早期に公的資金を金融機関などに注入することが欠かせない。

地方のGDP偽造で判明した真実

現在の中国経済は、バブルがピークを迎えつつあったころの日本経済に似ている。すでに中国の経済成長が限界を迎えたことを考えると、一九九〇年代初頭のわが国の状況を、いまの中国が経験しているといえる。

わが国はバブルの後始末を先送りし、バブル崩壊から不良債権の処理を進めるまでに一〇年以上の時間を費やしてしまった。その結果、構造改革が遅れ、先端テクノロジーの開発に経営資源を再配分することができなかった。

その間、中国をはじめとする新興国がいっせいに工業化の初期段階を歩み、技術面でのキャッチアップが進んだ。この結果、高度経済成長期以降、わが国が重視してきたモデルが行き詰まった。すなわち、国内で完成品を製造し、それを輸出して成長を遂げる、という経済成長のモデルだ。

中国は現在、輸出主導から投資牽引へと経済運営の方向性を変えつつ、バブルの延命と公共事業による景気浮揚に依存している。この状況は、一九九〇年代、公共事業によって雇用を保護した日本の発想と非常に似ている。

経済の成長率が低下し、不動産のバブルがくすぶり続けるなか、中国政府は経済を安定させたい。そのためには、構造改革を行って、成長期待の高い分野にヒト・モノ・カネを再配分し、より効率的に付加価値が生み出される経済体制を整備しなければならない。

ただ、習近平国家主席が改革に本腰を入れることができるかどうかは不確実だ。

特に、地方政府の財政問題は、改革を妨げる一因となっている。地方の指導者は経済成長率の引き上げといった量的側面から業績が評価されてきた。そのため、中国各地でGDPの水増し行為が行われ、その実態も続々と発覚している。

まず二〇一七年の初頭に、遼寧省《りょうねい》で、二〇一六年の名目GDP成長率が、実は前年比、約二三%もマイナスだったことが判明した。また二〇一八年一月には、天津市《てんしん》浜海新区が、二〇一六年の約一兆元とされたGDPを六六五四億元へと修正した。これは三〇%以上の減額だが、その理由は統計方法を見直した結果だという。同じ年の一月には、内モンゴル自治区でも、大胆な経済データ偽造が行われていたことが判明した。

成長率の水増しが続けられてきたことを考えると、債務のリスクは想定以上に膨らんでいる恐れがある。

こうしたGDP偽造の背景には、当然、地方の共産党幹部らが業績のために大規模な投資案件に着手するインセンティブを持っていたことがある。

加えて、長いあいだ中国は、地方への財源配分を行う制度を確立できなかった。地方政府は財源確保のため、不動産取引に依存せざるを得なかったのだ。そのなかで、大手金融機関などが地方政府傘下の企業や投資プラットフォームに融資することによって、利ザヤの確保を重視してきた。

地方財政の問題は、共産党の威信を左右する。中国の債務問題の解消は一筋縄ではいかない。長期の支配基盤を手にしたい習近平国家主席としては、どうしても共産党内の保守派の意向に耳を傾けざるを得ない。改革の重要性が分かっていたとしても、それに取り組むことは至難の業《わざ》だ。

こうしてディープインパクト不況を招く中国バブルのマグニチュードは、刻々と高まっているように見える。

第二章　中国バブル崩壊のメカニズム

地下鉄の赤字で分かる重大な事実

資産価格の上昇が、永久に続くことはあり得ない。株式にせよ、不動産にせよ、資産の価格上昇はどこかでピークを打つ。その後は急速な勢いで価格が下落する。世界経済の歴史を振り返ると、規模の大きなバブルの特徴は、数年間に、資産の価格が数倍になることだ。

わが国の資産バブルの場合、一九八五年に一万円台前半で推移していた日経平均株価は、一九八九年一二月末、三万八九〇〇円台まで大きく上昇した。アメリカのＩＴバブルや住宅バブルなどを見ても、この法則が当てはまる。

バブルの渦中にいると、私たちは資産価格が上がり続けることはないという基本を忘れてしまう。その代わりにバブルの熱気に浸り、未来永劫《えいごう》、資産の価格は上昇し続けると思い込む。

いずれ中国の不動産バブルも崩壊するだろう。問題は、いつバブルが崩壊するかが分からないことだ。逆にいえば、バブルが崩壊した際、政府がどう行動するかが重要だ。

中国の不動産バブルは、国内の資本形成が過剰になったことの裏返しだ。

一九九〇年代、江沢民《こうたくみん》政権は、外資誘致を加速させるとともに、国有地の使用権を売却して都市開発を進めた。加えて、内陸部でのインフラ投資や住宅供給なども進められた。この政策は胡錦濤《こきんとう》政権にも引き継がれた。特にリーマンショック後は、相対的にインフラ投資が遅れてきた内陸部での資本形成を進めることによって経済成長率を引き上げることが重視された。この考え方は二〇一九年の時点でも同様に重視されている。

その結果、中国の債務残高が急増している。二〇一九年七月に国際金融協会（ＩＩＦ）が発表したレポートでは、家計、企業、政府部門を合計した中国の債務は、対ＧＤＰ比で、三〇三％強にまで増大している。

同時に、足もとでは、中国の債務リスクが著しく高まる展開は避けられている。なぜなら、世界的に低金利の環境が続いているからだ。逆にいえば、金利が上昇し始めると、中国バブルの崩壊リスクは大きく高まるだろう。

多くの投資家は高い利回りを手に入れようとしている。そうした人たちにとって、高金利の中国の社債は魅力的に映る。投資家の需要が支えとなり、中国の企業などは債務の借り換えを続け、不動産バブルが温存されている。債務に依存した経済運営と、不動産バブルの延命は、コインの表と裏の関係にあるのだ。

ただ、バブルの延命はいずれ限界を迎える――。

なぜなら、中国経済が減速しているからだ。

成長率の低下は、中国経済が生み出す付加価値が小さくなっていることを意味する。借金によって投資を行ったとしても、投資主体（企業や政府など）が資金調達のコストを上回る収益を手に入れることは難しくなっている。中国メディア「観察者網」によると、二〇一八年、中国二八都市における地下鉄事業の収益を見ると、北京や深圳など四都市では収益が確保された。一方、他の都市の地下鉄事業は赤字だという。これは、中国における投資が付加価値を生み出しにくくなっていることを示す一つの例だ。

この状況が続けば、いずれ貸し出した資金が、約束通りに返済されないのではないかという不安は高まらざるを得ない。中国政府はこの展開を避けたい。先送りしたいといっても良い。

また中国政府は、債務リスクの上昇を抑えるために、金融緩和を重視せざるを得ない。同時に、政府は、国有銀行などに企業向けの貸し出しを増やすよう求めている。

本来であれば、経済運営は、市場の価格メカニズムに委ねていくべきだ。それによって、より期待収益率の高い分野に資金が向かう環境を目指すことができる。政府は、リターンを追求する企業や投資家の強欲が行きすぎないようにすべきだ。

しかし中国政府は、自らの経済運営を実現するために、市場にいうことを聞かせようとしている。否、中国政府は経済の安定を目指すために、そうせざるを得ない。

社債と銀行のリスク許容度の関係

問題は、その考え方がいつまで通用するかだ。すでに中国の金融機関は、政府の意向に従えなくなりつつある。その証拠として、中国企業による社債の発行が増えている。中国の銀行が政府の指針に従って企業への融資を増やすのであれば、企業が社債を新規に発行する必要はない。そうなっていないということは、銀行のリスク許容力が著しく低下していることを示唆する。

二〇一九年一～三月期、中国の企業などは二三二億ドル（約二・五兆円）のドル建て債券を発行した。二〇一九年、中国の社債償還額は六兆元（約九〇兆円）に達する。社債の償還に備え、中国企業は、できるだけ早めに債務の借り換えの目途《めど》を付けたい。

企業セクターを取り巻く環境は、日に日に深刻さを増している。二〇一八年、中国における社債のデフォルト（債務不履行）総額は一二〇〇億元（約一・八兆円）に達し、過去最高を記録した。そして二〇一九年一～四月期のデフォルト総額は三九二億元（五九〇〇億円）に達した。これは前年同期の三倍を超える。

明らかに、中国の債務リスクは高まり、デフォルトが増える可能性が高まっている。見方を変えれば、銀行の融資手控えを受けて中国政府は、不動産デベロッパーなどが起債を行いやすいよう、規制緩和などを進めていると見るべきだ。

このように考えると、中国政府がどのようにして債務の整理を進めるか、先行きはかなり不透明である。少なくとも、経済が小康状態を保つ間は、抜本的な債務のリストラを進めることは難しいだろう。同時に、この状況が続くという見方から、改革を先送りしたいという考えも強くなる。

いずれにせよ、中国が債務問題に真正面から向き合い、シャドーバンキング（預金を受け入れることなく信用創造を行う金融機関、後述）の整理、ゾンビ企業の淘汰《とうた》を進めることは、容易ではないだろう。

バブル崩壊まで政府は動けない

同時に、問題を先送りすればするほど、債務問題のマグニチュードは大きくなるだろう。国際決済銀行（BIS）のデータによると、現在、中国の債務の増加ペースは、過去の長期トレンドを上回っている。債務が長期のトレンド（過去一〇年間の債務残高の移動平均）から大きく乖離《かいり》する状況は持続可能ではない。

リーマンショック（二〇〇八年）前、中国の債務増加には、経済成長という裏付けがあった。二〇〇〇年代に入り、中国の民間債務は長期トレンドを上回るペースで上昇した。経済成長率が高まると、資金の需要は増える。金融機関が国有企業などに貸し出し、それを元手に企業が生産設備を進める。

一方、リーマンショック後は、債務の増加ペースが過去のトレンドを大きく上回っている。この状況は、持続可能ではない。それは、わが国のバブル崩壊前の債務の状況を見るとよく分かる。

一九八〇年代後半のわが国の債務残高の状況は、今日の中国とよく似ている。バブルが膨張するなかで借り入れによる投機に拍車がかかった。債務残高は長期のトレンドから乖離して増加した。一九八九年末に株価がピークに達し、その後バブルが崩壊するとともに、債務増加ペースは鈍化した。

わが国の債務の増加ペースが長期トレンドの範囲内に収まったのは、金融システム不安

図表16　中国の民間（家計と民間非金融機関）債務残高の推移（GDP比）

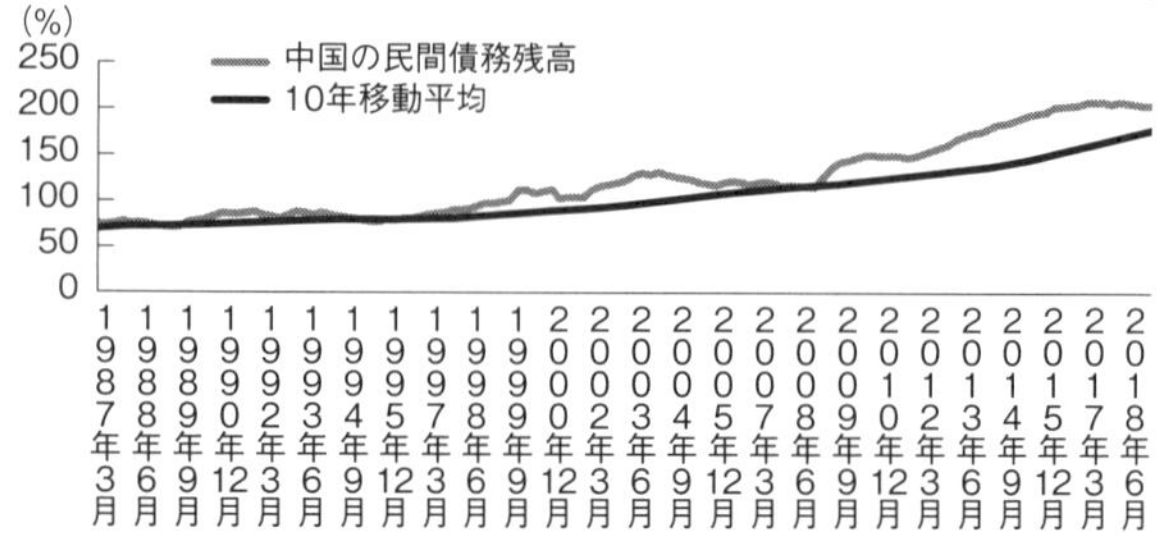

図表17　日本の民間（家計と民間非金融機関）債務残高の推移（GDP比）

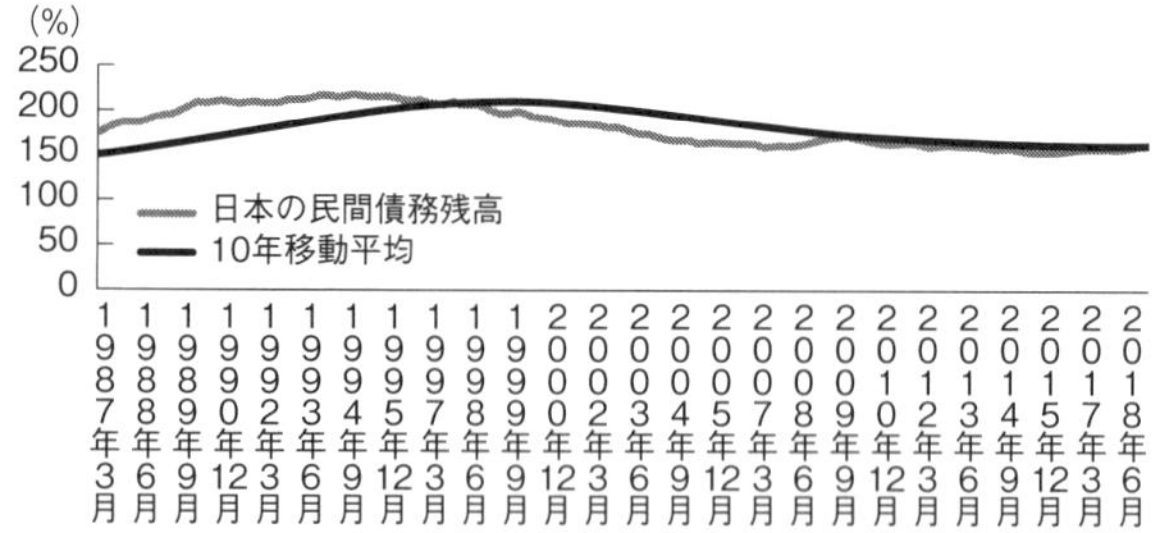

図表18　アメリカの民間（家計と民間非金融機関）債務残高の推移（GDP比）

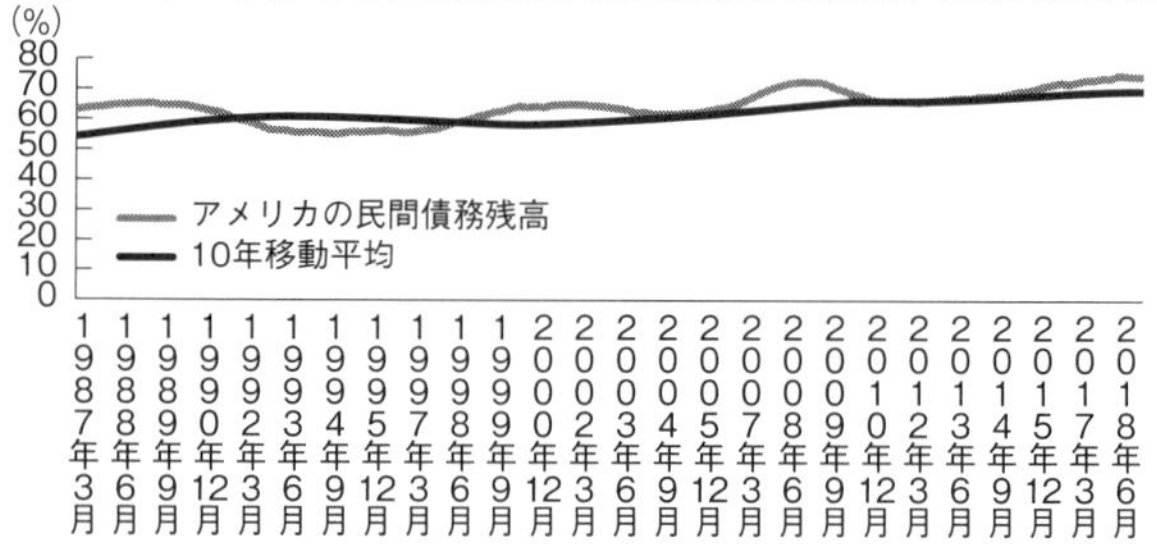

図表16～18 出所：BIS資料

が発生した時期と重なる。これは、本当に危機的な状況が発生しなければ不良債権の処理を進めることが難しい、という事実を確認する良い材料だ。

それでも、わが国の不良債権処理は二〇〇二年まで持ち越された。問題が発生したとしても、迅速《じんそく》に、人々が合理的な行動をとるとは限らないのである。

アメリカでも、債務残高が長期トレンドを上回って推移した場合、それがバブルの崩壊後に調整されたことが確認できる。

一九九〇年代後半のＩＴバブルの膨張期以降、アメリカの債務残高は長期トレンドを上回って推移した。ＩＴバブルの崩壊後は債務残高が長期トレンドに収斂《しゅうれん》したが、その後の住宅バブルの発生とともに、再度、債務が膨張した。最終的に、リーマンショックの発生によって、債務残高は長期のトレンドに回帰している。

そして、その後も債務残高は増加傾向にある。これは、リーマンショック後のコモディティーバブルの発生に加え、ＧＡＦＡ（グーグル、アップル、フェイスブック、アマゾン）などＩＴ先端企業を中心とする成長への期待に支えられた。債務残高の膨張と収縮を繰り返しつつアメリカ経済が強さを発揮できたのは、成長期待の高い分野にヒト・モノ・カネが再配分され、生産性の向上が実現されやすい経済構造があるからだ。

最終的に、中国が債務問題の対応に本腰を入れるのは、デフォルトの増加などを受けて不動産バブルが崩壊し、金融システムが混乱してからになるだろう。実際、バブル崩壊のリスクに前もって対応することは難しい。政策対応は、どうしても後追いになる。

国際決済銀行（ＢＩＳ）は、景気が回復して資産の価格が上向くなか、バブルの発生を防ぐため、予防的な利上げなど引き締め的な政策運営を行うべきだと主張する。しかし、この考えを実際に用いることは難しい。政策当局としては、リーマンショックのような世界的な危機のショックから経済全体が立ち直ることを優先したい。それは政治的にも重要だ。

政策は、どうしても経済の動きに対して後追いにならざるを得ない。しかも、状況がかなり深刻になるまで、多くの市場参加者や政治家は、抜本的な構造改革に踏み込まなくても何とかなると考えがちだ。

資産の価格が永久に上昇し続けることはあり得ない。中国の不動産バブルがはじけたと判断されたとき、政府が真剣かつ迅速《じんそく》にバブルの後始末を進めることができるか否かが問われる。

柔軟な資金調達ができぬ地方政府

不動産バブルが崩壊して資産価格の下落が急速に進むと、銀行を中心に、中国の金融システムはかなりの混乱に陥るだろう。わが国やアメリカ、そしてＥＵ諸国でも、バブルがはじけたときは景気が後退し、企業の資金繰りも悪化、そして不良債権問題の深刻化から金融システムは麻痺《まひ》した。中国バブルは膨大《ぼうだい》なスケールなので、世界経済にも無視できない影響が及ぶ恐れがある。

この展開を避けるため、中国共産党は、国有銀行などに対して企業などへの資金供給を強化するよう求め続けるだろう。ただ長い目で見ると、中国の債務問題は深刻化するものと考えられる。中国の金融システムの脆弱《ぜいじゃく》性は高まるだろう。

この中国の金融システムは、わが国やアメリカとは大きく異なる。特に、存在感の大きい国有銀行の経営は、期待収益率とリスクの高低に基づいた市場の価格メカニズムの発揮よりも、共産党政権の意向に大きく左右される。見方を変えれば、共産党政権は、銀行への指示を通じて自らが目指す経済環境を構築しているのだ。

中国の経済運営は中央集権化されている。共産党政権は、国有企業、国有銀行、地方政府に対する指揮監督権を持つ。その指針や計画に基づいて経済が運営されてきた。地方政府のトップも、当然、中央政府から指名される。

そのため国有銀行は、政府の意向に従って国有企業への資金供給を行ってきた。重要なことは、この資金供給が企業の成長性や効率性に基づいたものではなく、政府の指示に従ったものだということ。これを「ソフトな予算制約」という。

このソフトな予算制約は、ハンガリー出身の経済学者、コルナイ・ヤーノシュが提唱した社会主義体制の根本的な問題に関するコンセプトである。

旧ソ連などの社会主義国家では、共産党による中央計画経済のもと、ヒト・モノ・カネの経営資源の配分は、党の計画に基づいていた。市場の価格メカニズムによって、効率性や期待収益率が評価され、資源の配分が決定されるのではない。社会主義体制下、企業経営などの評価は、いかに効率的に付加価値を生み出すかよりも、企業経営者と官僚組織間の信頼や温情に左右される。

この結果、企業は効率性の向上を目指すインセンティブを持たなくなる。資金繰り難に陥っても、政府からの補塡《ほてん》を受けることができる。これは、資本主義経済における効率性を重視し限られた資源を用いて最大の付加価値獲得を目指す考えとは、まったくもって対照的だ。

この点に関して旧ソ連の寓話《ぐうわ》が有名だ。それは、党から一トンの釘を生産するように求められた工場の話。長さや太さの異なる釘を多数生産して合計一トンの釘を生産するのではなく、重さ一トンの巨大な一本の釘を生産したのだ。

中国はこうした社会主義体制の問題に気づき、改革開放を進めた。ダブルトラック（双《そう》軌《き》）の考えに基づき、中国は共産党主導での経済運営に市場原理を導入して、成長を目指した。

しかしそのなかでは、中国の地方政府には、その事情に合った形で柔軟に資金を調達することが認められてこなかった。

重用された地方融資平台とは何か

中国の地方財政の運営に関しては、一九九四年に制定された予算法により、均衡財政を原則とすること、赤字の計上を認めないこと、原則として起債を禁ずることが定められた。中国共産党は指導部の権力を維持するため、地方政府が自らの考えに基づいて資金を調達することを認めなかったのだ。

しかし、これが地方政府が土地の使用権を売却して収入を得る一因となり、不動産バブル膨張を助長した。ただ、住宅需要が高まる地域であれば良いが、内陸部では、不動産開発によって財源を確保することが難しかった。

二〇〇八年一一月、中央政府が四兆元の景気対策を打ち出したあと、地方政府は負担する財源をどう確保するかという問題に直面した。すると地方政府は、資金調達を国有銀行からの融資に頼った。そのために重用《ちょうよう》されたのが、「地方融資平台（LGFV: Local Government Financing Vehicles）」だ。

地方融資平台とは、地方政府が出資して設立する投資会社である。地方融資平台を活用することによって、地方政府は予算法の規制を回避した。地方融資平台は国有銀行などからの融資を受けるだけでなく、「城投債」と呼ばれる債券も発行して資金調達を行い、インフラ開発などを進めた。

国有銀行が地方融資平台への融資を行う重要な背景となったが、「暗黙の保証」だ。地方融資平台は国有企業に位置付けられる。地方融資平台は公営企業であり、その債務は政府が保証すると考えられたのだ。ソフトな予算制約と暗黙の保証から、国有銀行による地方融資平台への融資が増えた。

しかし、地方融資平台は事実上、地方政府の権限のもとに設立された組織である。その債務は地方政府の財政悪化に直結する。それは共産党指導部も理解していたはずだ。ただ、彼らは、債務の増加はコントロール可能な範囲に収まると高《たか》をくっていた。結果的に、効率性よりも目標の達成が重視され、国有銀行が地方融資平台に信用創造を行うことが続いた。

「暗黙の保証」という根本的な問題

その後、二〇〇九年以降は段階的に地方政府の資金調達に関する規制が緩和されていったものの、地方融資平台は銀行からの資金調達に依存し、想定以上に債務が増えた。二〇一〇年に四兆元の景気対策が終了したとき、中国政府は銀行に対し、地方融資平台への融資を止《や》めるよう指示を出した。

しかし、中国の経済運営は投資への依存を高めていた。このなかで存在感を増した金融仲介主体が、「シャドーバンキング」である。

シャドーバンキングとは、銀行の与信活動以外の信用仲介の総称だ。中国の銀行は、簿外、あるいはオンバランスの取引を通して、シャドーバンキングとの取引を行っている。また、銀行がシャドーバンクに出資しているケースもある。

いずれにせよ、銀行とシャドーバンクは密接につながっている。その関係は、簡単に切り離せるものではない。

シャドーバンキングが地方政府などに貸し出した融資債権（ローン）は、「理財商品（高利回りの投資信託）」に組み入れられ、中国の個人などに販売された。理財商品の販売には銀行も関与した。銀行は販売する理財商品にも「暗黙の保証」を付け、投資家の損失を補塡してきた。

同時に、株式と不動産が主な資金の運用手段となってきた個人投資家らにとって、理財商品は投資対象を増やすうえで魅力的に映ったはずだ。

中国の金融政策は、銀行に対して、基準となる貸出金利と預金金利を設定している。これにより、一定の預貸スプレッド（資金の運用利回りと調達コストの差）が確保され、銀行の収益性を維持することが重視された。その分、利回りの高い理財商品は、個人投資家などが利得確保を目指すためにはうってつけだったのである。二〇一五年までの理財商品の残高の伸び率の上昇は、その需要が旺盛であったことを示している。

中央政府は、銀行に地方融資平台への融資を絞るよう通達する一方、地方政府に対してはインフラ投資を続けて経済成長率の引き上げを目指すよう求めた……これは矛盾《むじゅん》して

図表19 理財商品の残高とその伸び率の推移

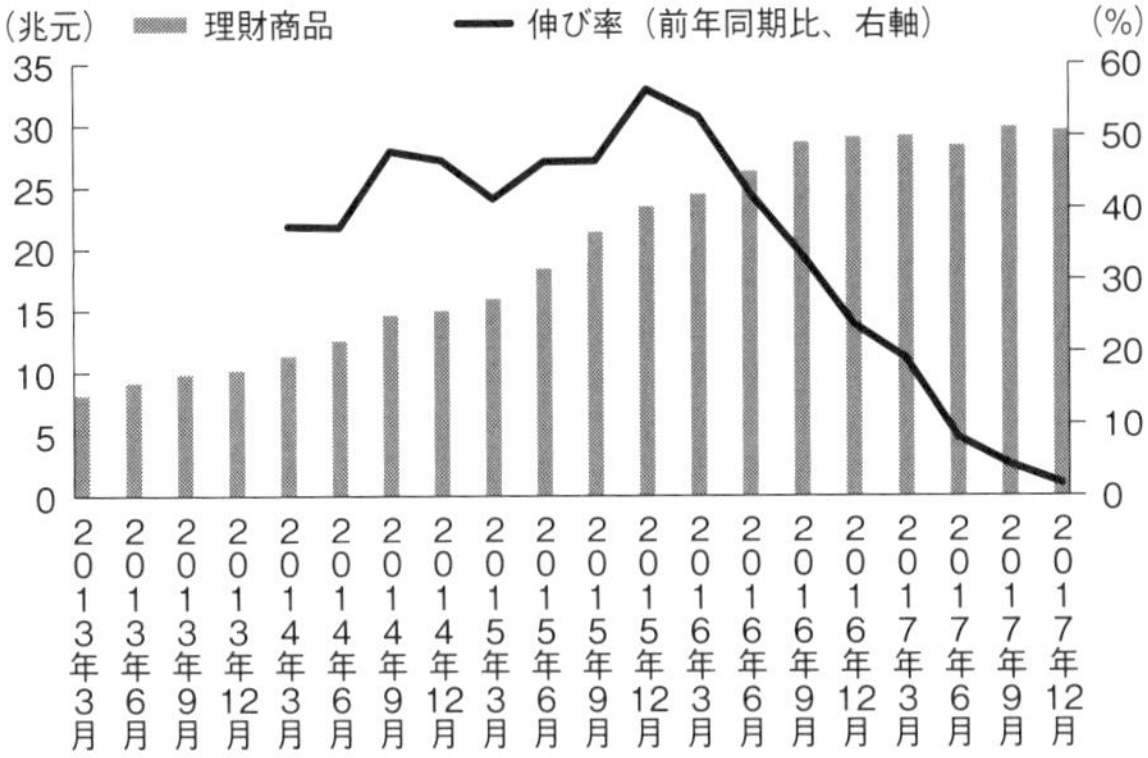

出所：経済産業省資料

いる。結果的に、地方融資平台はシャドーバンキングへの依存度を高めざるを得なかった。これは中国の中小企業にも当てはまる問題だ。

　すると中国政府は、シャドーバンキングの抑制を図った。中国政府は、段階的に、地方政府による債券の発行基準を緩和した。二〇一五年には、借換地方債の発行が認められた。これによって、地方政府が地方融資平台の債務を肩代わりするように狙った。

　この結果、地方政府のシャドーバンキングへの依存度は低下し、それが理財商品の残高の伸び率を抑えることにつながりはした。その一方、理財商品の残高そのものは高止まりしている。

同時に、投資に依存した経済運営も続けざるを得ない。結果的に中国政府は、こうした経済運営を優先せざるを得なくなり、事実上、シャドーバンキングを通した信用創造にメスを入れることは困難だ。すると二〇一七年には、GDPに占める投資の比率が四四％に達するまでに至った。

バブルが崩壊すれば、金融システムは大きく混乱する。その展開を避けるために、中国は国有銀行に、国有企業への融資拡大を求めている。これには、地方政府の財政支援の側面もある。中国政府はシャドーバンキングに関しても、温存を図らざるを得ないだろう。「暗黙の保証」を拠り所とした信用の供与と資金の運用は、中国金融システムが抱える根本的な問題といえる。

日本のバブルを徹底研究した中国

世界経済を奈落に突き落とすディープインパクト不況、その震源地たる中国ではあるが、その共産党は、わが国のバブル教訓を十分に学び、自国の経済運営に活用してきた。

近年、中国人のエコノミストらと話をすると、「中国は日本のバブル崩壊の教訓を学び、実際に活《い》かさなければならない」と考えていることが、ひしひしと伝わってもくる。

一九九〇年代、中国の改革を指揮した朱鎔基《しゅようき》首相は、わが国の政府関係者からバブルの発生などに関する教訓を熱心にヒアリングし、自らの経済運営に取り込もうとした。リーマンショックを挟み、習近平国家主席も、基本的には、わが国の教訓を学び、長期の経済安定を目指している。問題は、アメリカとの覇権国争いにどう対応するかだろう。

二〇一八年の全国人民代表大会（全人代）において負債の圧縮と金融市場の開放を重視する「改革派」の劉鶴《りゅうかく》が副首相に選出されたのは、わが国の教訓を活かすためだ。習国家主席が王岐山《おうきざん》を国家副主席に任命して重用しているのも、彼が汚職取り締まりに手腕を発揮したからだけではない。王岐山は、中国きっての経済実務家であり、金融行政のプロと認められているからだ。

王岐山は「経済皇帝」と呼ばれた朱鎔基からも「中国共産党で随一の経済の実務家だ」と称賛されている。また、リーマンショックなどの経済的な危機を乗り切った手腕から、王岐山は「消火隊長」と呼ばれることもある。

中国共産党は、わが国の教訓を基にして、経済の安定実現を目指す指導体制を整えた。そのうえで中国は、自国を中心とした一大経済圏の整備を進めたい。その考えを体現する国家プロジェクトが、二一世紀のシルクロード経済圏構想と呼ばれる「一帯一路」だ。

それに加え、国内では「中国製造２０２５」のスローガンのもと、ＩＴ先端技術の育成を目指している。バブル崩壊後、わが国は、先端技術の開発など新しい取り組みを進めることが難しかった。それを中国はよく学び、実際の政策に取り入れている。

特にデジタル社会の進行を見据えると、中国の規格に基づく5G通信網を張り巡らせることが欠かせない。この分野で、中国の通信大手であるファーウェイは、コストと機能面で世界をリードしている。

一帯一路には、人民元の流通範囲の拡大という狙いもある。人民元を使い経済活動を行う国が増えれば、中国は為替レート変動の影響を受けづらくなる。それは、自国の事情に合わせた経済運営を追求するためには欠かせないことなのだ。

バブル崩壊後の日本は、円高に苦しんだ。それを教訓に、中国は為替レートから影響を受けづらい経済体制を目指しているといえよう。

第二次世界大戦後の日本は、輸出によって収益を獲得する経済モデルを整備した。輸出の伸びとともに、わが国の経済成長率は上向いた。一九四九年から一九七一年まで、ドルと円の為替レートは一ドル＝三六〇円で固定された。

その後わが国は、アメリカからの要請を受けて段階的に円の為替レートを切り上げ、一九七三年に変動相場制に移行した。円高は、わが国の輸出にとってはマイナスだ。日本の企業は技術力を磨き、新しい製品を生み出すことによって、円高圧力への抵抗力を付けた。

しかし、一九八五年九月の「プラザ合意」のマグニチュードは大きかった。このときアメリカを中心とする五ヵ国の財相・中央銀行総裁会議で、ドルの為替レートの引き下げが必要との認識が示された。そのため各国は、外国為替市場でドル売りの介入を実施し、ドルに対して自国通貨の為替レートを切り上げた。

また、アメリカは連邦財政赤字の削減に取り組み、日本は公共事業などを行うことによって内需拡大に取り組むことも約された。この背景には、わが国が技術力を強みにして半導体や自動車などの分野で国際競争力を付け、アメリカ企業の製品を上回る存在感を示したことに対し、世界の覇権国たるアメリカが警戒感を強めたことも影響したと考えられる。

筆者は、このプラザ合意が、日本の資産バブル発生の一因となったと考える。そして、わが国は資産バブル膨張への対応が遅れた。その後、日本銀行は急速な金融引き締めを進めてしまい、バブルをはじけさせた。こうして日本経済は、バブル崩壊の後遺症に悩み続ける長期の停滞に陥ったのだ。

中国が不動産バブルの延命と経済のソフトランディングを重視しているのは、わが国の、こうした教訓を活かそうとしているからだ。なお、二〇一八年八月、中国の崔天凱《さいてんがい》・駐米大使は、「中国はプラザ合意を受け入れない」との発言を残している。これは、人民元の為替レートの管理において、中国がアメリカの指示は受けないという考えを示している。

リーマンショックの際もそうだったが、ひとたび大規模なバブルが崩壊すると、人々の心理が急速にリスク回避的になってしまう。政策当局がその心理を上向かせることは難しい。その結果、不良債権は雪だるまが転がるように増加し、対応が難しくなる。中国の場合、地方政府の債務リスクが高まっているだけに、不動産バブルには慎重に対応せざるを得ない。

一方、中国は一帯一路の構想を進め、国内の鉄鋼など過剰生産性を海外で活用する道を開きたい。言い換えれば、国内で使いきれないほど莫大なモノを、中国は作ってしまったのだ。それが不良債権の一因になっている。二〇一一年から一三年の三年間で中国が、二〇世紀にアメリカが生産・使用した以上のセメントを使用したことは、前述の通りである。

中国が人民元の国際化を急ぐわけ

中国にとって、ゾンビ企業の整理や淘汰《とうた》は避けられない。同時に、中国政府は国民に痛みを強いる改革を進めることに不安を感じている。二〇一六年の地域別実質GDPを見ると、開発が遅れてきたチベットなど内陸部の成長率が沿海部よりも高い傾向にある。

これは、共産党政権が民衆心理の悪化を防ぐために景気刺激策を強化したことの裏返しでもある。

一方、山西省《さんせい》の成長率は四・五%にとどまった。これは、石炭などの過剰生産能力削減の影響を受けたからだ。なお、遼寧省のマイナス成長は過去の過大報告の修正によるもの。中国が外需を取り込んで過剰生産能力を活用するか、あるいは社会にあまり負担をかけずに改革を進めることができれば、バブルへの対応と後始末は進めやすくなる。

そのためには、自国の考えに基づいて経済を運営する環境が求められる。為替レートはマーケットメカニズムによって決められ、一国の力ではコントロールしきれない。そのため中国政府は、人民元を基軸通貨とする経済圏を拡大することによって、為替レートの影響を抑えたいのだ。

一帯一路の整備を通し、中国は人民元の流通範囲を広げ、為替レートの影響を受けないようにしたい――これが中国が目指す「人民元の国際化」の本質だ。

すでに中央アジアでは、人民元の流通が重視されている。二〇一四年にはカザフスタンの中央銀行が、二〇一五年にはタジキスタンの中央銀行が、中国人民銀行と通貨スワップ協定を結んだ。同年、ドイツは、人民元建てで取り引きされる金融商品の取引所を開設することで中国と合意した。また二〇一八年には、中国とアルゼンチンが通貨スワップ協定を結んでいる。

日本経済新聞社の調査によれば、人民元の国際銀行間決済システム（CIPS）に参加する海外の銀行が増え、八九の国と地域、八六五行にまで範囲が拡大している。二〇一八年、CIPSを用いた決済額は、二六兆元（四一〇兆円）と、前年から八割も増えた。急速に人民元の流通範囲が拡大しているといえよう。これは、今日の世界標準の資金決済ネットワークである国際銀行間通信協会（SWIFT）のシステムへの対抗だ。

不動産バブルへの対応、成長率低下に対する人々の不満、気候変動問題、アメリカとの経済戦争など、中国は様々な問題に直面している。ただ、本当に中国が各国の納得を得つつ、人民元の流通範囲を拡大し、自国を中心とした経済圏を整備できるなら、中国経済の将来は大きく変わる可能性がある。そのためには、習近平国家主席およびその後継者がどのような取り組みを進めるかが問われる。

一帯一路の取り組みを進めつつ、中国共産党は、不動産バブルのハードランディングが起きないよう、国有銀行には資金供給を続けさせるだろう。資金面の不安を取り除きつつ、企業の体力を維持・向上させながら債務の圧縮を進める――これが中国共産党のバブルへの対応策だ。

それには、国内の構造改革だけでなく、中国を中心とした経済圏の整備という一大経済実験と呼ぶべきスケール感がある。が、成功させるのは針の穴に象を通すほど難しいであろう。ゆえに私たちは、中国バブル崩壊後のディープインパクト不況を、常に念頭に置いておくべきなのである。

中所得国の罠に陥った中国経済

経済成長は、国民の政治に対する信頼感に、決定的な影響を与える。建国以来七〇年にわたって中国共産党が広大な国土を支配し、社会を統治してきたのは、人々が「共産党に付いていけば豊かになれる」と信じたからだ。

重要なのは、人々が経済成長を実感できれば、政治家あるいは支配者は、国民から信頼されるということ。経済成長はイデオロギーに勝る、といえる。反対に、経済成長が難しくなると、人々はイデオロギーにすがるようになる。その状況を克服するには、様々な改革が必要だ。

このように考えると、ここから先、中国共産党がどのような取り組みを進めて経済の効率性を高めようとするかは、決定的に重要だ。なぜなら、中国が経済成長の限界を迎えたからだ。それを考えるコンセプトが「中所得国の罠《わな》」だ。

中所得国の罠とは、新興国の経済において、一人当たりのGDPが中程度のレベルに達したあと、経済が低迷傾向に陥ることを指す。過去の新興国経済の成長を踏まえると、一人当たりのGDPがおおむね一万ドルに達したあたりから中所得国の罠に陥る可能性が高まることが確認されている。この背景には様々な要因が考えられるが、輸出に牽引《けんいん》された経済成長の行き詰まりなど、従来の経済運営体制が力を発揮しづらくなることが、その一因となる。

図表20を見ると、日米の経済は中所得国の罠に陥ってはいない。両国とも、右肩上がりで所得は増加してきた。一方、新興国に目を向けると、状況はかなり異なる。アルゼンチ

図表20　世界各国の一人当たり名目GDPの推移

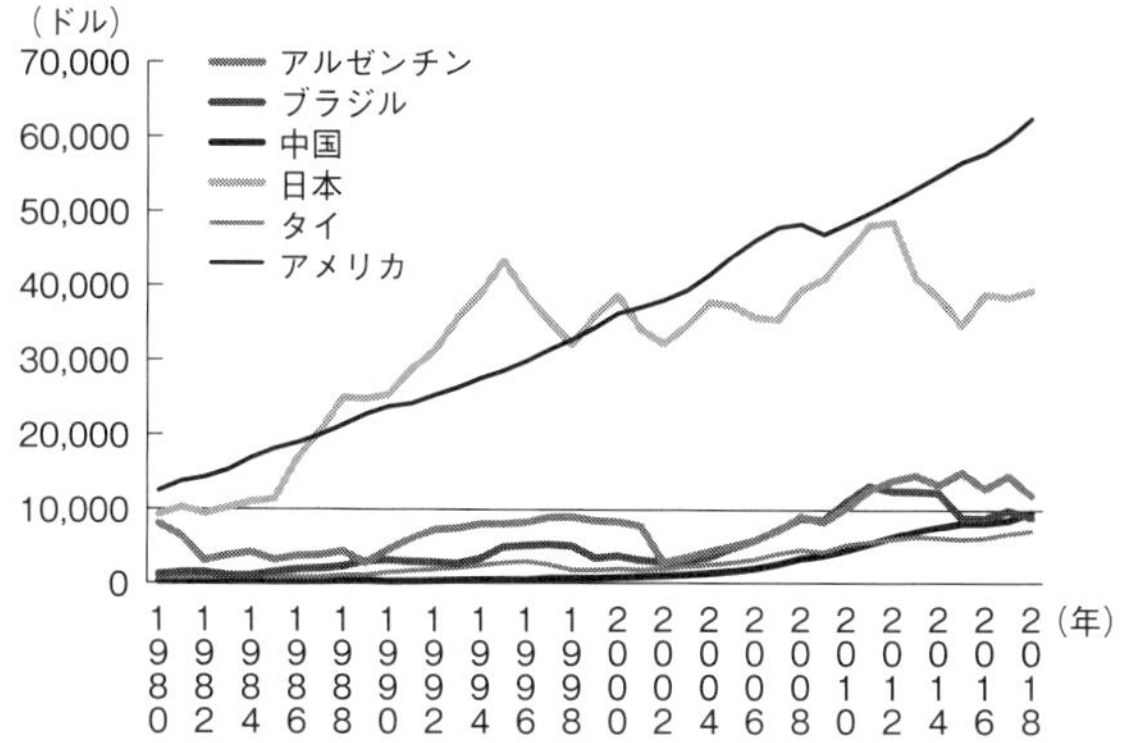

出所：IMF資料

ンとブラジルは、二〇〇〇年代に入り成長率が高まったが、一人当たり名目GDPが一万ドルを超えたあと、成長率が鈍化している。それに伴い、両国では政治の不安定感が高まった。

これは、成長の鈍化とともに政治に対する国民の信頼が大きく低下することをよく示している。

ＩＭＦ（国際通貨基金）によると、二〇一七年の中国の一人当たりＧＤＰは、八六〇〇ドル台だ。二〇一八年以降、中国経済は減速した。中国が中所得国の罠に陥る可能性は高まっている。それとともに、習近平政権に対する不満や批判も増えている。これは見逃せない変化だ。

名門大学教授が起こした反乱

香港での逃亡犯条例改正案がきっかけとなり、二〇一九年六月以降に多発しているデモには、多いときには二〇〇万人、住民の四人に一人以上が参加したとされる。これは一人、あるいはごく一握りの人間が、その他大勢を支配する統治構造へのアレルギー反応といえる。習近平は苦虫を嚙みつぶしたような顔をしていたのではないか。

その習近平に対して礼賛《らいさん》する声が急速に増えたのは、二〇一七年一〇月の党大会からだ。文化大革命の教訓から、中国共産党は個人崇拝を禁じている。にもかかわらず、党規約の行動指針に、「習近平による新時代の中国の特色ある社会主義思想」が取り入れられたのだ。

すると、北京市内の公園には「習主席は全国の人民と共に」と名付けられた歌を熱唱する人々も現れた。その後は、スマホ向けの「共産党アプリ」が発表され、習近平の発言や思想を学ぶ機会も提供されている。

ただ、二〇一八年からの米中経済戦争が激化するとともに、習近平の権力基盤には異変が表れた。七月には、中国の公安当局から習近平のポスターなどを撤去する指示が出され、それを写した写真が中国国内のSNSで飛び交った。

また、清華大学法学院の許章潤《きょしょうじゅん》教授が習近平を批判する論文を発表して停職処分を受けたことも明らかになっている。二〇一九年の全国人民代表大会でも、景気減速を止められない習近平への批判が増えた。

香港では日刊英字新聞である「サウスチャイナ・モーニングポスト」が、五月の米中交渉を控えた習近平政権の内幕を暴露した。同紙は親江沢民派のメディアといわれている。

それによると、米中貿易戦争を避けるための閣僚級協議を控えるなか、習近平は保守派からの批判に直面した。すると、改革を重視していた習近平は、アメリカに譲歩できなくなった。

こうして習近平は「交渉の全責任をとる」と表明。七分野一五〇ページに及ぶ合意文書案から法律に関する部分などを削除し、一〇五ページに圧縮させた。そのうえで、中国は修正文書を一方的にアメリカに送り付けた。

自由を認めざるを得ない近未来

ここまで共産党の内部事情が流出したり、混乱が広がったりしたことはなかった。経済の減速とともに中国共産党指導部への信頼は低下しつつあり、支配体制には綻《ほころ》びが見えてきた。実際、すでに中国の富裕層などは海外に資産を移している。

二〇一四年に表面化した、いわゆる「パナマ文書」は、中米パナマの法律事務所「モサック・フォンセカ」からリークされた資料だ。ここに、中国共産党幹部たちの家族が資金を海外に移している実状が克明に記されていた。

習近平国家主席は、その義兄がオフショア会社二社の会長あるいは株主……劉雲山《りゅううんざん》中央政治局常務委員は、その義理の娘がオフショア会社の会長あるいは株主……張高麗《ちょうこうれい》中央政治局常務委員は、その義理の息子がオフショア会社三社の会長あるいは株主……李鵬《りほう》元首相は、その娘がオフショア会社の会長あるいは株主……曽慶紅《そうけいこう》元副主席は、その兄弟がオフショア会社の会長……胡耀邦《こようほう》元中国共産党総書記は、その息子がオフショア会社のオーナー……。

このような状況では、海外での永住権を取得する中国人が増えているのも肯《うなず》ける。

いま中国は、どのような統治体制を目指すか、それを決める正念場《しょうねんば》を迎えている。チュニジアの「ジャスミン革命」を発端《ほったん》に、中東・北アフリカ地域の独裁政権が崩壊した「アラブの春」を見れば、独裁政権が社会全体の多様な利害を調整し続けることが困難であることは明白だ。

中国は、政府主導で成長を実現することによって人々の不満を解消してきた。成長が限界を迎えるなか、中国では人々の不満が表に出やすい。それを共産党政権が力ずくで食い止めようとすればするほど、人々は反発を強めるだろう。

短期的に共産党による支配体制が変わるとは考えづらいものの、長期的には、中国共産党による一党独裁体制が力を発揮し続けられるかは不透明だ。中国では、徐々に人々の自由を認める方向に向かわざるを得ないだろう。

資金逃避のためにビットコインを

さて、二〇一五年の夏以降、人民元の対ドル為替レートは不安定だ。大きな原因の一つが、資金の海外逃避。資金流出のマグニチュードは時間の経過とともに強くなっている。中国人民銀行は必死になって人民元安を食い止めている。が、状況はかなり厳しい。

中国本土で取り引きされる人民元は、政府によって、強力にコントロールされている。市場原理よりも、政府の力が勝っている。

そして、人民元の実需取引を行う場合、外国の企業は、保有する人民元を自由にドルなどの外貨と交換することはできない。その場合には、国家外貨管理局の許可が必要になるのだ。

　また、個人の人民元持ち込みや持ち出しは二万元（約三〇万円）までに制限されている。個人が外貨と人民元の両替を行う際、年間上限額は五万ドル（約五三〇万円）だ。

　また、資本取引（直接投資や証券投資など）に関しては自由に行うことができない。資本取引を行うためにはＱＦＩＩ（Qualified Foreign Institutional Investors：適格海外機関投資家）の資格が必要だ。ＱＦＩＩの取得を求める外国の機関投資家に関しては、中国証券監督管理委員会がその認定を行い、国家外貨管理局が投資の限度額を決める。こうしてＱＦＩＩを取得した機関投資家は、認められた額の範囲で外貨を人民元に替え、本土の株式や債券への投資を行う。

　このように、中国本土での為替取引は、政府が厳しく管理している。しかし近年、中国本土から海外に資産を持ち出そうとする人が後を絶たない。もし中国経済がさらに減速すると、人民元は大きく下落するだろう。

　それは、人民元の購買力を削《そ》ぐことを意味する。その場合、当局は資金の流出をより強硬に管理するはずだ。中国の人々が自らの資産を守ることは難しくなるだろう。

図表21　ビットコインの対ドルレートと人民元の推移

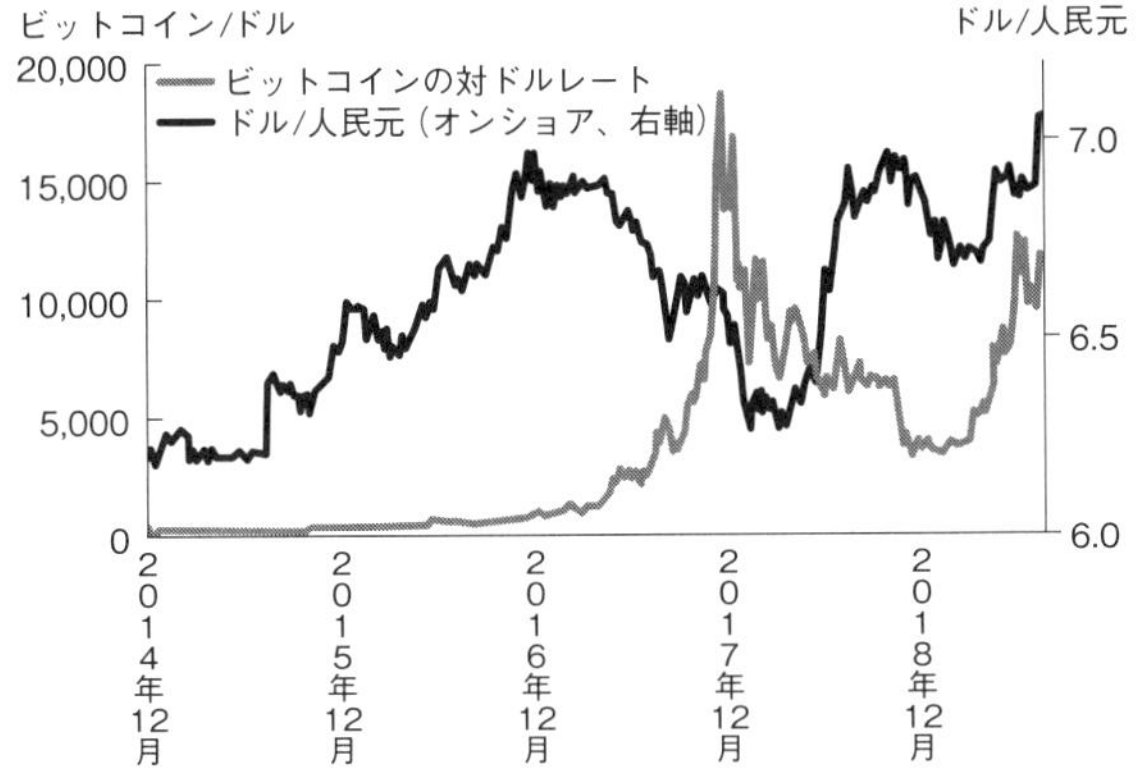

出所：Yahoo Finance

そのため中国の人々は、あらゆる方法を使って、国内のおカネを海外に持ち出そうとしてきた。おカネは、命の次に大切だ。人々が資産を守るためにあの手この手を尽くすのは、当然のことである。以下に主な資金持ち出しの方法を紹介する。

まず、どのようにして中国当局の規制を逃れるかが重要だ。その手段は、人海戦術による資金運び（人を雇って服の下に人民元の紙幣を巻き付けるなどして香港まで運ぶ）、ビットコインなど暗号資産（仮想通貨）を経由した外貨購入、などがある。二〇一七年には、中国での仮想通貨取引が急増し、ビットコイン相場の急騰の発端《ほったん》となった。

また、企業経営者が海外で得た収益をその

まま当地に滞留させ、資産を取得することもある。加えて、「地下銭荘《ちかせんそう》」と呼ばれる手法、すなわちアンダーグラウンドのルートを用いて資金を海外に持ち出すケースもある。

中国から海外に持ち出されたお金の多くが、不動産に流入した。主なターゲットは東京湾岸エリアのマンションや、オーストラリア、ニュージーランド、カナダ、アメリカなどの主要都市の不動産である。

たとえば二〇一四年、中国の鄧小平《とうしょうへい》一族とつながる呉小暉《ごしょうき》が経営する安邦保険集団は、ニューヨークのマンハッタンに聳《そび》え立つ名門ホテル、ウォルドーフ・アストリア・ニューヨークを、約一九億五〇〇〇万ドル（約二一〇〇億円）で買収した。これはホテルの売却額としてアメリカ史上最高額となったが、この会社の債務水準が持続不可能なレベルになるとして、中国政府の怒りを買うことになった。すなわち、「資産を海外に移しているのではないか」と当局に睨《にら》まれたのだ。

アリババ会長が職を辞した背景

カナダやオーストラリアでは、チャイナマネーの流入によって住宅等の不動産価格が大きく上昇し、当局が価格抑制措置を導入せざるを得なくなった。具体的には、海外投資家による不動産取得に対し税率引き上げが実行されている。

中国の富豪や資産家は資金の持ち出しをかなりの規模で行った。その結果、共産党政権の取り締まりを受け、最終的には恭順《きょうじゅん》の意を示さざるを得なくなった。

有名なのが、ワンダ・グループ（大連万達集団）を率いる王健林《おうけんりん》だ。二〇一三年、ワンダはロンドンで不動産を購入して大規模な商業施設を建設し、二〇一五年にはスペインのサッカーチーム「アトレチコ・マドリード」を買収するなど、二兆円程度の資金を投じ、海外の資産を次々に買収した。それに伴い、王は共産党と距離をとり始めた。

すると共産党政権は、威信を守るため、ワンダの経営に圧力をかけた。二〇一七年には、共産党が、金融機関にワンダへの融資を行わないよう命令を下したのだ。こうして資金源を断たれたワンダの経営は急速に悪化し、資産を投げ売りせざるを得なくなった。その額は一兆円——。

結果、「自分のお金を好きに使って何が悪い」と豪語していた王健林の態度は、「共産党に感謝する」へと急転した。

また、二〇一八年には、人気女優の范冰冰《ファンビンビン》に脱税の疑いが浮上し、四ヵ月ほど消息不明になった。その後、ファン・ビンビンも共産党への謝罪と感謝を述べたことを見ても、当局の取り締まりは非常に厳しい。極論すれば、党に従うか否かが、人生を分ける。

そのほか、中国政府は、国際刑事警察機構（インターポール）の孟宏偉《もうこうい》総裁の身柄を拘束した。孟は江沢民に近い人物だといわれており、共産党長老の資産の移転に手を貸していたとの見方もある。

二〇一九年八月には、アメリカが中国を為替操作国に認定したことや香港での反政府デモへの懸念から、人民元が売られた。それを中国人民銀行は介入によって食い止めた。中国政府としても、資金流出を食い止めるためには、なりふり構ってはいられない。

……それでも資金流出は続く。すでに中国の輸出は減少し、経常収支の黒字は落ち込んでいる。

二〇一五年に約三〇〇〇億ドルだった中国の経常収支の黒字は、二〇一八年には五〇〇億ドルを下回るまでに減少した。しかも、この傾向は続く、ＩＭＦ（国際通貨基金）の予測では、経常収支の黒字は二〇二〇年に四〇〇億ドル弱へ、そして二〇二二年には約六〇億ドルの赤字に転落する。二〇二三年以降は、ずっと赤字が続く見通しだ。

そうなると、中国は外貨の流入を重視せざるを得なくなり、人民元の下押し圧力は強まる。その展開を防ぐため、共産党政権は、金融市場の開放を進めつつ国内の産業基盤を育成して、ＩＴ先端分野の競争力向上を目指すなど、改革に取り組む必要がある。

ただし、市民だけでなく共産党の内部にも、自国経済に対する不安が蔓延《まんえん》している。共産党員であることが判明したアリババ・グループのジャック・マーが会長職を退いたのは、党からの締め付けを逃れるためだ。要は、「ここから先、共産党に付いていったとしても、自分の得になることはない」と考えたのだ。それなら、党に睨まれないうちにうまく距離を取ったほうが良い、それがジャック・マーの考えだといえる。

また、共産党幹部が子供や孫を海外に移住させ、国籍を取得させるケースも増えている。政府は幹部に家族の海外移住を報告するよう義務付けたが、効果が上がっているとはいいがたい。

このような状況を鑑《かんが》みると、中長期的に、中国からの資金流出が続く可能性は高い。こうして中国バブル崩壊の刻《とき》は近づき、世界はディープインパクト不況の脅威に怯《おび》えることになるだろう。

第三章　バブル崩壊後の中国社会の悲劇

五七年ぶりに減少した就業者数

現在の中国を見ていると、様々なところで共産党政権の求心力が低下しつつあるように見える。中国共産党の求心力を構成する要素はいくつかある。そのなかで重要と考えられるポイントを三点考えてみたい。

一点目が、共産党のいうことを聞いていれば豊かになれるという人々の希望が、共産党の求心力を支えたと考えられることだ。

経済が成長するということは、私たちが受け取る給料が増えることを意味する。所得が増えれば、より良い生活を送ることができる。特に、おカネは避けることのできる不幸を追い払うために重要だ。風邪をひくと病院に行き、薬を出してもらう。そのためにはおカネが必要になる。すると経済の成長は、人々が「安心」を実感するためには欠かせない。そのほかにも、所得が増えると、私たちはモノやコトを消費して、自分自身の満足度を高めることができる。

一九九〇年代、鄧小平は「発展才是硬道理（発展こそが確固たる道理だ）」という有名な言葉を残した。これは、中国の安定のためには経済を発展させ、民衆が豊かさを享受《きょうじゅ》

図表22　中国の就業者数の推移（全産業）

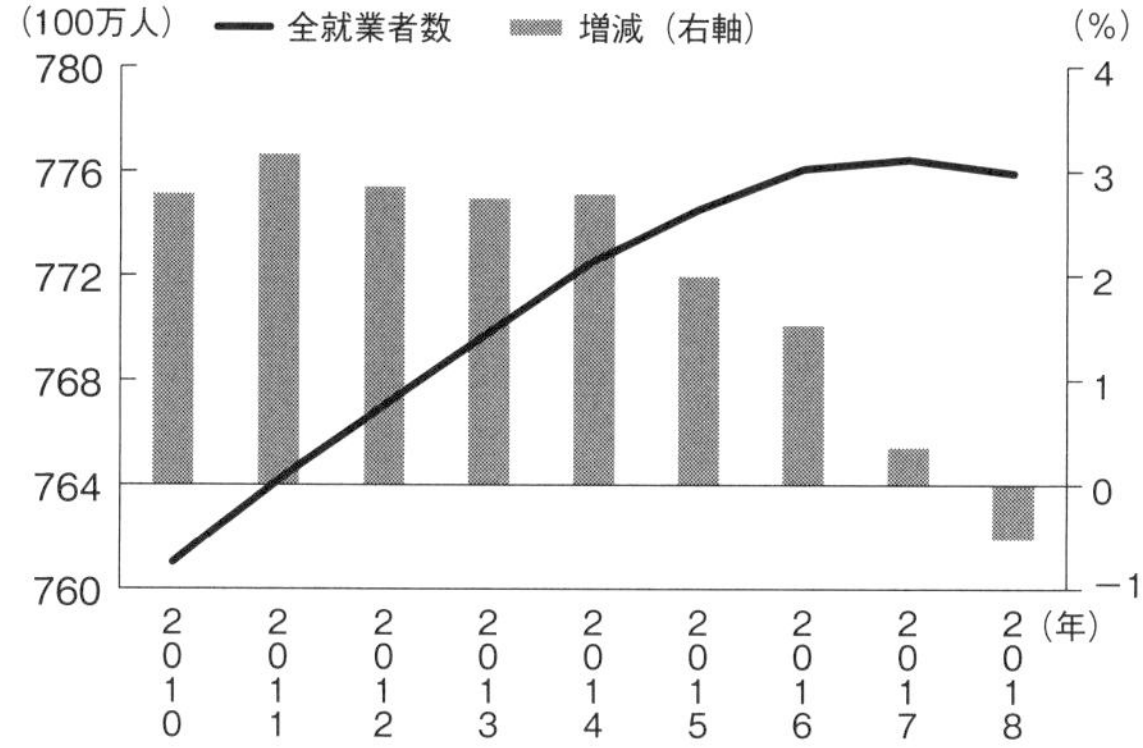

出所：JETRO資料

できる環境を整えることが大切だという考えである。また、鄧小平は「先富論」の考えも示した。これは、先に豊かになれる人から富を増やし、そのうえで国民全体の富を増やしていくことを目指す考え方である。

それと同時に鄧小平は、中国共産党の指導などを基にした統治体制は堅持した。鄧小平は、社会主義体制を維持しつつ共産党の指導により改革開放を進め、中国の生産能力や科学技術を振興し、国民全体が成長の果実を手にすることができる環境を目指した。

こうして中国共産党は経済成長を実現し、世界の工場としての地位を向上させることによって、その求心力を保ってきたのだ。

ただ、リーマンショック（二〇〇八年）

後、中国は党の指導によって成長を実現し、人々に希望を与え続けることが難しくなった。それは、就業者の推移を見ると確認できる。

前ページの図表22からは、リーマンショック後の四兆元の景気刺激策が終了するとともに、中国の就業者の増加ペースは鈍化したことが分かる。二〇一五年ごろからは、就業者増加ペースの鈍化が、より鮮明になった。

そのうえで、二〇一八年には、中国の就業者数は減少に転じた。これは五七年ぶりの現象だ。

出生数も五七年ぶりの低水準に

就業者数が増えないということは、鄧小平以降、生産力の強化を重視して経済成長を追求してきた中国共産党の経済運営が行き詰まりつつあることの裏返しだ。

二〇一二年、中国の生産年齢人口（一五〜五九歳の人口）は減少に転じた。それに伴い、中国の労働コストは上昇してきた。さらに米中経済戦争の影響もあり、中国を中心に構築されてきた世界のサプライチェーンは解体されつつある。世界の工場としての中国の地位は低下していくだろう。

中国のＧＤＰ成長率が低下基調にあるなか、国民は、将来の生活が豊かにはならないだろうという見方を強めるはずだ。加えて、中国では「一人っ子政策」の影響もあり、少子高齢化が進む。今後、中国の社会保障制度への不安も高まるだろう。

中国は建国から七〇年、豊富で安価な労働力による人口ボーナスを生かして世界第二の経済大国に上り詰めた。しかし現在、人口一四億人のうち既に二億五〇〇〇万人が六〇歳以上で、「一人っ子政策」を変更しても出生数の減少に歯止めがかかっていない。二〇五〇年前後には人口の三分の一以上、五億人近くが六〇歳以上を占めると予測される。アメリカに匹敵する強国の実現には、「老い」との戦いが待ち受けているといえるだろう。

一方、年間出生数はピークだった一九六三年の三〇〇〇万人弱から、二〇一八年には一五二三万人とほぼ半減している。人口抑制のため一九八〇年に正式導入した「一人っ子政策」は二〇一三年に一部緩和され、一六年にはすべての夫婦に二人の子供を認めている。しかし、出生数は一六年こそ前年から増えたものの、一七年は六三万人減、一八年は二〇〇万人減と五七年ぶりの低水準に落ち込んだ。

このように日本を上回るスピードで進む少子高齢化は、年金財政をむしばむはずだ。年金積立金は二七年の約七兆元をピークに急減し三五年に底を突くという中国社会科学院が二〇一九年四月に公表した推計は国内で波紋を呼んだ。

「一人っ子政策」を推進してきた国家衛生健康委員会幹部は二〇一八年夏の講演で、六〇歳以上の高齢者は五〇年に四億八七〇〇万人に達し、国内総生産の二六％を介護や医療に充《あ》てる必要があるとの予測を公表した。そして、「世界で最も高齢者が多く、高齢化の速度も速い中国は、それによるリスクを軽視すべきではない」と述べた。

また中国では、戸籍が都市戸籍（非農業戸籍）と農村戸籍（農業戸籍）に分けられている。農村戸籍しか持たない人は、都市戸籍の人が享受できる社会保障を受けることができない。

つまり、生まれながらの戸籍によって、将来の格差が生じるのだ。経済成長が見込みづらくなるなか、こうした格差への不満は高まるだろう。

そして長期的に、中国の国民の心理のなかには、「共産党の指導の通りにすれば豊かになれると思ってきたのに、これでは話が違うではないか」といった不安や不信が増えていく可能性が高い。「共産党に付いていってもいいことはなさそうだ」という考えが増えるにつれ、共産党政権の求心力は低下するだろう。

国防費より治安維持費が多い中国

二点目として、中国共産党は人々を「監視」することで求心力を保ってきたといえる。常に自分の行動や発言が誰かから監視されていると思うと、私たちは何ともいえない不安や恐怖心を抱く。中国共産党は、その心理に目を付けて人々を監視し、求心力を保とうとしてきた。

共産党政権に対する不平不満を漏らしたり、独裁に反発して自由を求めたりする人は、当局から圧力をかけられ、自由が奪われてきた。実際、中国政府は、民主化運動に取り組み二〇一〇年のノーベル平和賞を受賞した劉 暁 波《りゅうぎょうは》を二〇〇九年に投獄し、事実上、獄死させた（二〇一七年）。共産党政権は、人権を求める劉暁波の考えが口伝えに広がることを恐れたものと見られる。

その恐怖から、不承不承《ふしょうぶしょう》、中国の人々は共産党に従ってきたと考えられる。習近平政権は、「反腐敗」のスローガンのもと、社会の不満をあの手この手を使って排除しようとしている。

報道によると、中国政府は密告を奨励している。すでに中国の大学では共産党の考えを批判した教員が学生に密告され、停職処分などに処されるケースが出ている。また、中国では密告への報奨金も出されている。

また、自動車には無線自動識別装置の取り付けが義務付けられ、ナンバープレートなどが登録される。それを道路に設置した監視システムが読み取ることで、治安維持や交通渋滞の緩和を目指しているようだ。

加えて中国政府は、個人の信用を評価する「格付けシステム」までも運用していると報じられている。当局に盾突《たてつ》くなどすると、ブラックリストに載せられ、移動や居住が制限されてしまうケースもある。そのうえ、中国は人工知能（ＡＩ）を用いた監視カメラのネットワークを整備し、一秒で全人口のデータを照合できる処理速度を実現しているといわれる。

その一方、どれほど強力に監視されても、私たちは「自由」への本源的な欲求を持っている。これは、渇望といったほうが良いだろう。「やるな」といわれると反発するように、抑圧されればされるほど、自由を求める人々の意思は強くなる。

二〇一九年夏からの香港の反政府デモの発生は、自由への渇望がいかに強いかをよく示している。中国本土からも、このデモに参加している人がいると報じられている。本土からのデモ参加者を突き動かしたのは、自分の目で実際にデモを見て、それを考え、仲間と共有しようという考えが強いからではないか。

そうした人々の行動を、共産党はどうにかして抑え込もうとしているが、口コミなどを通した情報の共有を完全に封じることはできない。長い目で見ると、中国で、共産党の一党独裁体制への不満が強くなることは間違いない。

三点目は、国に対する誇り。これも中国共産党の求心力を支える重要な要素と考えられる。

習近平国家主席は「漢民族」の繁栄を重視している。ウイグル族やチベット族などの少数民族を除いた、中国を構成する大多数の人々が漢民族だ。習近平は、漢民族の繁栄を実現し、それによって世界の安定を支えるという、壮大な思想を提唱してきた。それは、自らの強力な指導のもと、国民を一つにまとめて国への誇りを醸成しつつ、支配体制を維持しようとする考えといえる。

国への誇りを支える要素には様々なものがある。その一つの考え方として、国の強さが指摘できる。

しかし中国経済が成長の限界を迎えつつあるなか、共産党政権が所得の増加を目指すと主張し続けたとしても、人々がそれを信じることは難しい――。

それに代わる要素の一つが、軍事力と考えられる。二〇一九年の全人代では、国防予算が前年比七・五%増やされ、一兆一八九八億元（約二〇兆円）に達した。習近平国家主席は軍事力増強によって自らの強さを示し、国への誇りをつなぎ留めたいのだ。

そのほかにも国の誇りを維持する方策があるだろう。たとえば、IT先端分野での中国の成長と競争力には、凄《すさ》まじいものがある。それをうまく使えば、中国はアメリカに代わる次の世代の覇権国になる可能性を秘めている。それは、共産党政権が求心力を維持し、国民の誇りをつなぎ留めるために重要だろう。

その一方、中国には多くの少数民族が生活している。彼らは漢民族に対して離反するエネルギーを溜め込んでいる。それは中国共産党の求心力を低下させる要因の一つだ。実際、中国では、国防予算よりも国内の治安対策費のほうが巨額にのぼる状態が、何年も続いている。

こうしたことを考慮しても、長期的には、中国共産党が一党独裁体制を敷きながら求心力を保っていくことは難しい。それに合わせて、徐々に、中国の体制にも変化の兆《きざ》しが見えてくるはずだ。

地方政府が短期の成果を追う理由

このあと中国の不動産バブルが崩壊すると、政治、経済、社会の統治など、幅広く影響が及ぶだろう。その一つとして、中国の中央政府が地方政府を統制する力が徐々に低下していくことは見逃せない。すでに経済統計の作成などにおいて、地方政府は中央政府が想定してこなかった取り組みを進めている。

中国の最高意思決定機関は、国家主席をトップとする全国人民代表大会（全人代）である。そのもとに、省、地、県、郷の地方政府が組織されている。各階層の地方政府は、中央および上位機構の指示に従う。

共産党政権は、広大な国土にまたがる地方政府を、一党独裁で抑えてきた。分かりやすくいえば、中央政府は地方政府にノルマを課し、成績が良かった地方政府の幹部を出世させることで、権力を保ってきた。

この、中央政府が地方政府に課すノルマには、様々なものがある。治安維持、公衆衛生、環境対策、省エネなど、ありとあらゆるノルマが課されている。そのなかの一つである経済成長の目標に焦点を当ててみよう。

毎年三月、中国では全人代が開かれる。ここで首相は、その年のＧＤＰ成長率目標を発表する。これは、共産党政権が一定の経済成長率を実現することにコミットし、人々がより豊かな生活を送ることができるよう取り組むという、意思表示の側面を持つ。一方、地方政府にとってGDP成長率の目標値は、最低限クリアしなければならない中央政府からの命令といって良いだろう。

地方政府の官僚などが中央機関に入るためには、地方で実績を上げなければならない。それは、中国の出世ルートの一つである。

成長率の目標など、中央政府が掲げた数字が達成できるか否かによって、地方政府の幹部の出世は大きく左右される。国有企業に勤める人々をはじめ、多くの人々の人生に、中央政府が掲げるノルマが極めて大きな影響を与える。習近平政権が汚職対策を進めているなか、失敗も許されない。

これに加え、中国共産党には様々な派閥がある。共産党が組織する若手エリートの育成組織「中国共産主義青年団（共青団）」、天安門事件以降、江沢民が上海市長を務めた時代の部下を登用したことに起源を持つといわれる「上海閥」、共産党高級幹部の子弟らを中心とする「太子党《たいしとう》」がよく知られている。

なお、習近平国家主席は太子党に属する。それに加え、習近平は地方政府時代の人脈も重視している。

地方の幹部が出世を目指すためには、地方政府での実績に加え、中央幹部からの覚えめでたきことも重要な要素だ。多くの地方幹部が様々なところで成果を上げ、出世競争のトーナメントに勝ち残ろうとしてきた。

この結果、地方政府はかなりの無理を重ねてしまった。地方の共産党幹部らは、赴任中の限られた時間で最大限の成果を残したい。ゆえに地方政府は、短期の成果を追求する動機に駆られているといえるだろう。

ＧＤＰの四四％は投資から

一方、常に、共産党政権の考えが地方政府の考えと同じであるとは限らない。中央政府は短期から長期の視点で、経済、社会、安全保障など、様々な分野に気を配らなければならない。

中央政府としても、目先の経済成長を重視したいのはやまやまだ。それに加え、共産党政権にとっては、中長期的な目線で経済の改革を進めることも重要である。それに対する抵抗勢力にも対応せねばならず、利害調整は一筋縄《ひとすじなわ》ではいかない。求心力維持のために社会の監視を強化したり、汚職を取り締まったりしなければならない。

特に、チベットやウイグルや香港などにおける共産党独裁体制に対する不満への対応は、非常に重要である。それに加え、中央政府は、アメリカとの貿易摩擦や南シナ海の領有権問題などにも対応する必要がある。

経済の側面に焦点を当てて考えると、地方政府は全人代で発表されたGDP成長率を達成しなければならない。中国の財政構造を見ると、歳入面で中央政府と地方政府の割合はほぼ同じである。一方、歳出を見ると、中央政府よりも地方政府のウェイトが大きい。

もともと中国では、国有企業が収益を獲得し、それを地方政府が吸い上げて中央政府に上納する、という財政運営を採ってきた。歳入は上位組織に吸い上げられ、歳出の負担は地方が負う。そして、いまなお国有企業は、補助金や国有銀行からの融資などの資金提供に頼って事業を行っている。それは地方政府の財源確保のために欠かせない要素の一つでもある。

そのうえ、地方政府による債券発行は、中央政府から厳しく規制されてきた。そのため、先に説明した通り、地方政府は地方融資平台という投資プラットフォームを設立し、公共事業などを進めるための資金を獲得してきた。地方政府は調達した財源を用いて土地の使用権を売却するなどし、集合住宅の建設や公共事業などが進んだ。この結果、不動産バブルが発生し、債務が累積している。

また経済成長を下支えするため、中央政府は公共事業などの景気刺激策を重視してきた。しかし資本の効率性が低下するなか、石炭や鉄鋼をはじめとする分野では、過剰な生産能力の問題が深刻化している。

こうした状況について、世界的に有名な経済ジャーナリスト、マーティン・ウルフ氏は、二〇一九年一月一日付の英紙「フィナンシャルタイムズ」ネット版で、以下のように分析している。簡潔にまとまった非常に重要な指摘なので、少々長いが引用させていただく。

〈重要なことに、二〇一七年に国内総生産（GDP）の四四％を占めた中国の投資率は、持続不能なほど高い。中国は二〇〇八年の危機（筆者註：リーマンショック）の後、この並外れた投資率によって需要と供給の成長を維持した。

ところが、現在の中国の一人当たりの公的資本ストックは、人口一人当たりの所得が今の中国と同程度だった頃の日本の水準をすでに大きく上回っている。

都市部での世帯形成の伸び悩みは、新たに建設しなければならない住宅の数が減ることを意味している。意外なことではないが、投資のリターンは急落している。

要するに、投資主導の経済成長は近々終わるに違いないのだ。

中国はその巨大さゆえに、輸出主導の経済成長においても比較的早く壁に突き当たっている。高成長を遂げた他の東アジア諸国のケースに比べると、人口一人当たりの所得が低いレベルで停滞を余儀なくされている。

米国との貿易戦争はこの現実を際立たせている。

中国は、生産年齢人口も減少している。債務が急増していることも考え合わせれば、高度成長を維持することは至難の業だろう〉（日本語訳は「ＪＢｐｒｅｓｓ」）

過剰な投資が続けられ、過剰な生産能力が蓄積されてきたにもかかわらず、中国経済が投資への依存体質を改めることは難しい。もし中国が投資に依存した経済運営をあきらめるのであれば、人々は政府による経済の安定を期待できなくなり、共産党の威信は失墜してしまうだろう。

現在の中国の経済運営を見ていると、共産党の威信や求心力を保つために投資への依存を続けざるを得ないという負の連鎖にどっぷりと浸かってしまっている。米中の貿易摩擦への対応や生産年齢人口の減少による潜在成長率の低下への懸念を払拭《ふっしょく》するためにも投資を重視した経済運営から抜け出せない。

そうしたなか、中国の共産党政府が高い経済成長率の目標を定め、その達成を地方政府に求めた結果、過剰投資、不良債権、不動産バブル、大気・水質汚染ほかの公害問題など、数多《あまた》の負の影響が顕在化してしまっている。状況は刻々と深刻化しているといえるだろう。

中央政府に対する忠誠心は低下

こうした状況下、地方政府の幹部は、何とかしてノルマの達成を取り繕おうとしてきた。そのなかには、省のトップが事実と異なる発言を行い、民衆の怒りを買ったケースがある。

二〇一六年三月、黒竜江《こくりゅうこう》省の炭鉱では、数千人の労働者が地方政府への抗議活動を行った。なお、このデモには、黒竜江省以外の都市に住む人々も参加したことが報じられている。

この背景には、労働環境の悪化など様々な要因がある。その一つとして重要と見られるのが賃金の未払いや滞納だった。特に、同月に開催されていた全人代会期中の会見においいて、黒竜江省長の陸昊《りくこう》が「賃金の未払いは一切ない」と述べたことが、労働者によるデモの発生に決定的な影響を与えたといわれている。

現在、陸昊は中国共産党の自然資源相を務めている。共青団出身の陸昊は北京大学を卒業後、国有企業にて経営改革を行った手腕が評価され、三五歳で北京市の副市長に抜擢《ばってき》された。その後、共青団の第一書記を務め、黒竜江省の省長に就任した。

この陸昊は、その出世スピードの速さから、「最年少記録の男」の異名をとったほどのエリートだ。その人物が事実と異なる発言をしてまで自らの実績を上げようとしたことを考えると、地方政府幹部は、中央からの相当なプレッシャーにさらされていると見て良いだろう。

また、経済統計の水増しも行われた。二〇一一年から一四年にかけて、遼寧省政府は税収を実際よりも多く報告していたことが明らかになっている。その後、二〇一七年三月、遼寧省において習近平国家主席が、「経済統計の水増しはあってはならないことだ」と、強く釘を刺した。

これは当たり前の考えだ。経済統計は、ＧＤＰ成長率や財政状況など、経済の実態を正確にとらえようとするには欠かせない。正確な統計の整備は、経済の状況を客観的かつ実態に即してとらえるために重要だ。そうした当たり前のことが軽視されてしまうほど、中央政府によるノルマ達成への要求は、苛烈《かれつ》を極めていたといえそうだ。

習近平の発言のマグニチュードは非常に大きかった。二〇一七年七～九月期、三一の省、直轄市、自治区のうち二〇の地域で、実質ベースで見た域内総生産（GDP）が、一～六月の実績を下回った。二〇一八年七～九月期には、九の地域で名目GDP成長率がマイナスに陥ったのだ。こうしたことを見せられると、かなりの間、しかも大規模に、統計の水増しが続いてきたことは間違いないだろう。

今後の長期的な展開を考えると、地方政府の幹部らは、徐々に中央政府への不満を溜め込む恐れがある。過剰生産能力の削減とともに工場の稼働率は低下し、閉鎖に追い込まれる施設も増えるだろう。それに伴い、失業率も上昇してしまう。こうした状況が続くと、地方政府の裁量は小さくなってしまうはずだ。

その一方、地方政府が中央からのノルマを達成しなければならない状況は続いていくだろう。中央からの締め付けがさらに強化されることも考えられる。

しかし地方政府にとって、財源の調達が難しくなることに加え、付加価値を生み出すことのできる投資案件が減少するなど、ノルマ達成のハードルは高くなっていくはずだ。そして、ノルマが達成できないのであれば出世も難しくなる……。

こうしたことを総合的に考えると、地方政府の中央政府に対する忠誠心は低下し、経済運営の目標達成へのインセンティブも弱まるだろう。また、地方政府に対する人々の不満も高まり、デモが激増するのではないか。特に、少数民族を多く抱える都市などでは、社会心理の悪化は無視できないリスクとなる。共産党指導部が、地方政府をどのように統制して従わせていくか、不確実な点が増えているのだ。

八〇％の人が「自分は香港人だ」

一九九七年、イギリスは中国に香港を返還した。その際、中国は、少なくとも五〇年間は中国の制度を持ち込まず、従来のイギリス統治下における香港の制度を維持するという「一国二制度」を認めた。

中国と香港の人々の「生き方」は、大きく異なる。たとえば香港の金融市場では、取引に関する規制が中国本土よりも少ない。香港の公用語は英語に加え広東語《カントン》などが用いられており、北京語（マンダリン）ではない。

また、香港に住む人々の多くは民族的には中国人であるものの、その意識は中国本土とはかなり異なる。ＢＢＣ（イギリス放送協会）によると、八〇%超の人が「自分は香港人だ」と考えている。この傾向は若者ほど強い。永いあいだイギリスによる統治を受けてきた影響は大きいのだ。

その香港では、中国共産党への不満が急拡大した。このエネルギーは、徐々に増している。香港の人々が感じている共産党政府への怒りは、一時のものではない。それは、長期の視点で吟味《ぎんみ》する必要がある。

一九八九年、香港では、中国の民主化運動を支持するデモが起きた。その後、二〇〇三年には、国家安全条例案（政権の転覆や国家分裂を禁じた条例案）に反対するデモが起きた。また二〇一四年には、行政長官を一人一票の選挙で選ぶよう求めるデモが発生した。なお香港の行政長官は、選挙委員会で選出される。その委員の数は香港の全有権者数の六%程度であり、中国共産党寄りの人物が多い。

この点は、立ち止まって考えておくべきだろう。日本では、選挙によって政治家が選ばれる。アイドルグループの「ＡＫＢ48」でも、総選挙が行われる。私たちは自分が応援したいと思う人物を見つけ、その人が活躍することを期待し、票を投じる。それができない場合、大きな不満を感じるだろう。

投票する際、何を期待するか、それは人それぞれだ。経済的なベネフィット（便益）を期待する人もいれば、社会全体の公平さの追求を重視する人もいる。AKB48の総選挙の場合は、自分イチオシのメンバーが活躍する姿に喜びを見出すのだろう。

香港で普通選挙を求めるデモが発生した背景には、期待を託すことのできる人に行政長官を任せたいという希望、中国共産党の影響を受けたくないという反発、自由への渇望など、様々な要因があったはずだ。一方、中国共産党は一党独裁を敷いている。共産党こそが人々の期待でなければならないのだ。

そんななか、二〇一九年六月、香港では「逃亡犯条例」の改正案に対する大規模なデモが発生した。逃亡犯条例とは、国外で犯罪に関わった容疑者を、その国や地域の求めに応じて引き渡すことを認める条例を指す。従来、香港はアメリカをはじめとする二〇の国と逃亡犯の引き渡し協定を結んできた。ただ対象の国や地域には、台湾や中国、そしてマカオが含まれていなかった。香港政府は、中国を逃亡犯条例の対象とすることを目指し、条例の改正作業に取り組んだのだ。

これに対し香港の人々は、中国に批判的な主張を行った人が引き渡しの対象になる恐れがあることなど、逃亡犯条例の改正に対しては懸念を強め、反政府デモが発生した。八月に入るとデモ隊が香港国際空港を占拠し、数百便のフライトが欠航となることもあった。

デモの影響は大手企業の経営にも波紋を投げかけた。香港を拠点とするキャセイ・パシフィック航空では、従業員の一部が反政府デモに参加し、支持を表明した。すると中国政府は、キャセイの経営体制を強く批判した。また、中国民用航空局は同社に対し、これら従業員が中国本土行きおよび中国本土を通るフライトに乗務することを禁じるよう求めた。すなわち中国共産党は、キャセイに対し、従業員を締め付けるよう要求したのである。

この状況に対応すべく、キャセイはデモに関わった四人の従業員を解雇した。さらには、赤字経営を続けてきたキャセイを黒字転換した経営者、ルパート・ホッグ氏が、ＣＥＯを辞任せざるを得なくなった。混乱は想定外の広がりを見せたのだ。

香港議会への対応に苦慮する中国

中国共産党にとっても、ここまでの混乱は想定外だっただろう。

香港国際空港が占拠されたことは、世界の金融市場にも影響を与えてしまった。八月に入り香港マカオ事務弁公室（香港・マカオへの政策と両特別行政区との関係を担当する中国の官庁）からは、「情勢が悪化して香港政府が制御できない動乱が起きれば、中央政府は決して座視しない」との警告が発せられた。

「動乱」という文言は、天安門事件の際にも使われた。そのうえで中国政府は香港のデモにテロの兆候が出始めているとまで言及している。深圳で人民武装警察が演習を行ったことも、デモ参加者への警告だ。共産党政権が強い表現を用いてデモへの非難を行っているのは、ここまでデモが長期化・大規模化するとは思っていなかったという焦《あせ》りの表れだろう。

中国政府は強い表現を使って人々に自制を促したい。デモ隊と警察などの衝突が続けば、国際社会から中国の人権問題に対する非難が強まるだろう。そうなると、中国は国際世論を敵に回してしまう。

アメリカとの経済戦争に直面している習近平国家主席にとって、国際社会からの圧力が強まるといった展開は避けなければならない。中国が人権問題などで国際社会から孤立し始めると、地方の共産党幹部や長老らから「弱腰」と批判され、国民だけでなく、党内での求心力も低下するだろう。今後も、共産党政権がデモ参加者に何らかの譲歩案を示すことは難しいと考えられる。

習近平が党内からの批判をかわすためには、強硬手段に打って出る可能性も否定はできないだろう。しかし、その選択肢を採ってしまうと、本当に「第二の天安門事件」ともいうべき状況が現実のものとなってしまう。

ゆえに、共産党政権は、香港のデモへの対応にかなり苦慮している。今後も、共産党政権は求心力の低下を防ぐべく、対策を練り続けることになるだろう。

が、香港のデモが収束を迎えたとしても、違う場所で同じようなことが再び起きる可能性がある。その際、デモの勢いは香港以上に激しいものになるかもしれない。

加えて、香港の反政府デモには、本土出身者も参加している。なかには広東語ではなく、参加者の出身地域で用いられている方言で書かれた横断幕を使う人もいると報じられている。これは、中国において本源的な自由への渇望が高まっていることを示す動きの一つだ。こうした香港のデモの実状や、デモ参加への意義や体験などが口コミで伝えられると、共産党政権に抑え込まれてきた少数民族の不満が噴出するなど、様々な影響があるだろう。

共産党政権は本土への反政府デモなどの伝播《でんぱ》を防ぐために、ＩＴ先端技術を用いつつ、人海戦術によって、社会への監視を強化している。ただ、この対応には限界があるだろう。

たとえば、人々が暗号などを用いて口伝えに共産党政権への不満を共有し始め、デモなどを試みると、対応は難しくなる。永久に社会を監視し続けることはできない。したがって、長期的に考えると、香港で起きたことが中国の内陸部に伝播していくことは避けられないだろう。

国外より国内の脅威を警戒し

中国は、漢民族による国家の統治と繁栄を追求してきた。同時に、中国には、五五もの少数民族が暮らしている。いまだに特定の民族として認識されていない人々も多くいると見られる。民族が異なれば、人々の生き方も違う。宗教、言語、風習、食事など、漢民族の価値観が常に、すべての民族に当てはまるわけではない。そして、自分たちが大切だと思うことを禁じられたり制限されたりすると、当然のごとく人々は反発する。

これまで中国は、力ずくで少数民族を抑え不満が膨張しないようにしてきた。が、それを続けていくことは難しい。香港だけでなく、国内諸民族も、共産党政権から離反していく可能性がある。

たとえばチベット。彼らの反発に直面した中国共産党は、不満の原因が経済にあると考えた。チベットの経済成長率を高め、人々が豊かになれば反発は収まるだろう、と。そうして漢民族主導で経済開発を進めたのだ。

その一つの取り組みに「西部大開発」がある。西部大開発とは、チベット自治区や寧夏《ねいか》回族《かいぞく》自治区、新疆《しんきょう》ウイグル自治区など、少数民族地区が集中している地域の経済底上げを目指す長期的な経済開発プロジェクトだ。主な内容は、鉄道や道路などのインフラ整備、教育や公衆衛生などの充実、産業育成などである。

こうして西部大開発によって青蔵《せいぞう》鉄道が建設され、チベットへの交通アクセスが確立された。これは、チベットへの観光客増加につながった。いまなお中央政府は、少数民族が住む地域の経済的な底上げを重視している。

それにもかかわらず、チベットでは、共産党政権に対する不満は解消されていない。二〇〇八年三月には、チベット自治区ラサにて、「チベット騒乱」と呼ばれる大規模な暴動が発生した。これは、共産党政権が進めてきた経済開発が、チベット族に生きる喜びを与えていないことを示唆している。

騒乱のあと共産党政権は、さらなる経済開発に力を入れる。そしてチベットには「脱貧

図表23　中国の国防支出と公共安全支出

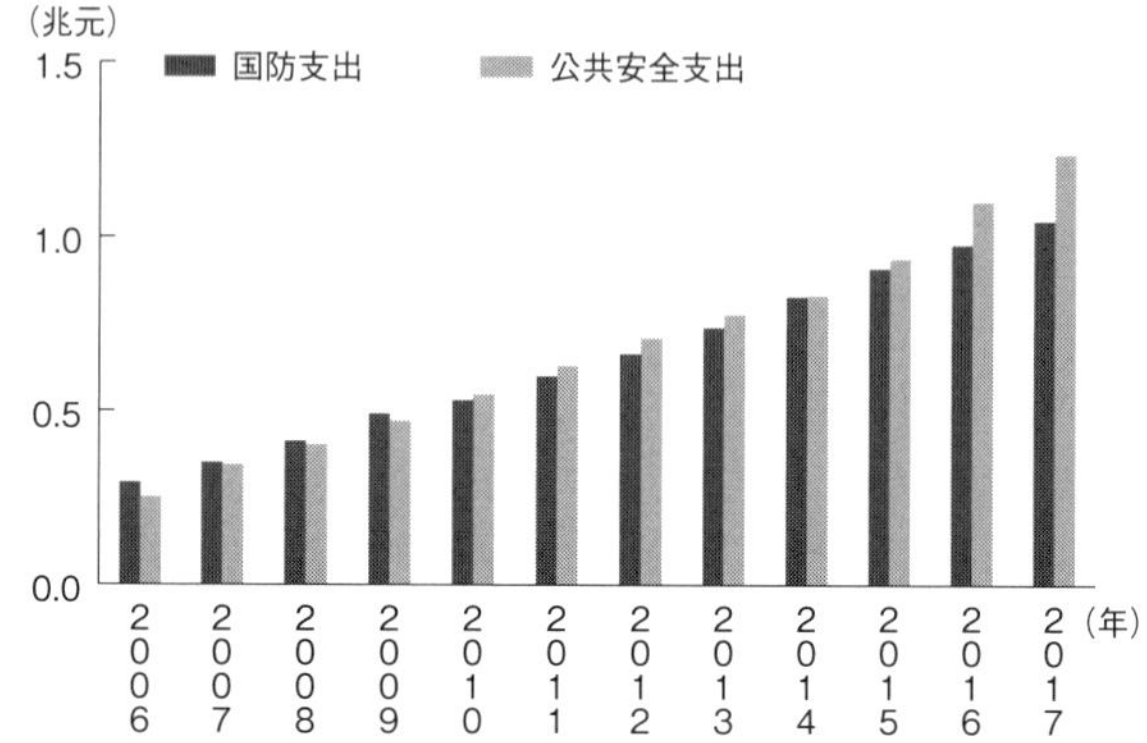

出所：中国財経部資料

困村」が作られ、遊牧民の定住化策が採られている。そのうえ補助金を支給し、職業の斡《あっ》旋《せん》も行っている。また、中国語や思想の教育も実施されている。

同時に、共産党政権は、チベットなどへの監視体制を強化している。それは、公安（公共安全）関連予算の推移を見ればよく分かるだろう。

中国の国防支出と公安支出の推移を比べると、ともに右肩上がりだ。近年、公安関連の支出は国防支出よりも多い。これは重要な変化だ――中国共産党は、国外の軍事的な脅威よりも、国内の脅威に対する警戒感をより強めているということであるからだ。

この点は、新疆ウイグル自治区における共

産党政権の取り組みからも確認することができる。二〇一八年一一月にアメリカのジェームズタウン財団が公表したレポートによると、二〇一六年から二〇一七年にかけて、新疆ウイグル自治区の治安管理支出は二三五％増加し、拘留施設の管理費用は二三九％増えた。一方、職業訓練施設の運営にかかる支出は約七％減少した。他の少数民族自治区に関しても、同じ傾向が報告されている。

ここから読み取れることは、共産党政権が、チベット族やウイグル族をはじめとする少数民族の反発が本土内に広がることを必死で防ごうとしている事実だ。香港の反政府デモに対する締め付けの根底にも、同じ発想が窺《うかが》える。共産党政権は経済成長の限界などによって党の威信が低下し、国内の社会心理が悪化することを恐れている、そういっても良いだろう。共産党政権にとって、社会心理の安定こそが、一党独裁体制の基礎を意味するのである。

新疆ウイグル自治区においては、共産党政権がウイグル族の人々を拘束し、強制収容所に収容するなど、弾圧を行っている。アメリカ政府は、中国政府が人工知能をはじめとするIT先端技術を用いて少数民族の監視体制を強化していることを「未来型の弾圧」と指摘し、懸念を表明している。

国民を監視する約二億台のカメラ

また中国は、人工知能を搭載した監視カメラ網を内陸部に設置することで、人々の行動を厳格に管理しようとする壮大な社会実験を進めている——そういっても過言ではない。世界有数の調査会社、ＩＨＳマークイットによれば、中国では二〇一六年の時点で、街角や建造物や公共スペースに、約一億七六〇〇万台の監視カメラが設置されているという。アメリカの五〇〇〇万台とは比較にならない。

もし、中国経済が右肩上がりの成長を続けることができれば、共産党政権は公安支出を増やし続け、社会の監視を強化していくことができる。武装警官の数を増やすなど、人海戦術による治安維持体制を充実させることもできる。

ただ、未来永劫《えいごう》、経済が成長を続けることはあり得ない。経済成長が限界を迎えるに伴い、公安支出を増加させることは難しくなるだろう。また、未来永劫、中国共産党が少数民族の人々を監視し続け、党が重視する価値観や生き方を押し付けていくこともできないはずだ。

今後、成長率が低下するにつれて、チベットやウイグルなど少数民族の不満は一段と激しさを増す恐れがある。それを抑え込むために、当面、共産党政権は人々への締め付けをきつくするだろう。しかし、そうした政策が進めば進むほど、自由に対する人々の渇望は加速度的に高まるのだ。

やはり、中国の体制は変わっていかざるを得ない。そしてそれに失敗すると、本書が述べるディープインパクト不況が世界を覆う日が早まることになるだろう——。

第四章　巨大隕石が世界経済に激突したとき

世界の工場の地位を失った中国

本書で述べてきた中国の不動産バブル――それが崩壊すると、中国経済は、さらに厳しい状況に直面する。世界経済にも大きな影響が及ぶ。

いま中国は、「世界の工場」としての地位から転落しつつある。世界の企業にとって、中国の安価な労働力を活用し、コストを抑えて「モノ」を生産することは、持続的な成長を目指すために重要だった。その状況が、急速に変化している。

一国の経済が成長するに伴い、コストは増加する傾向にある。その代表例が、人件費だ。これは、モノの生産コストを高める。

このコストの増加分を吸収して一定の収益を確保していくためには、より付加価値の高いモノを生み出すことが欠かせない。ただ、これは口でいうほど容易なことではない。人々が何を欲しいと思うか、事前に把握することは難しい。「きっと人気が出るだろう」と思って新しい製品を作ったとしても、予想外に不評だったということも少なくない。まさに将来の展開は不確実だ。

結果的に多くのケースで、既存の製品の改良を行いつつ、そこでの「コスト削減」が重

図表24　アジア各国における日本企業の月額賃金水準（製造業）

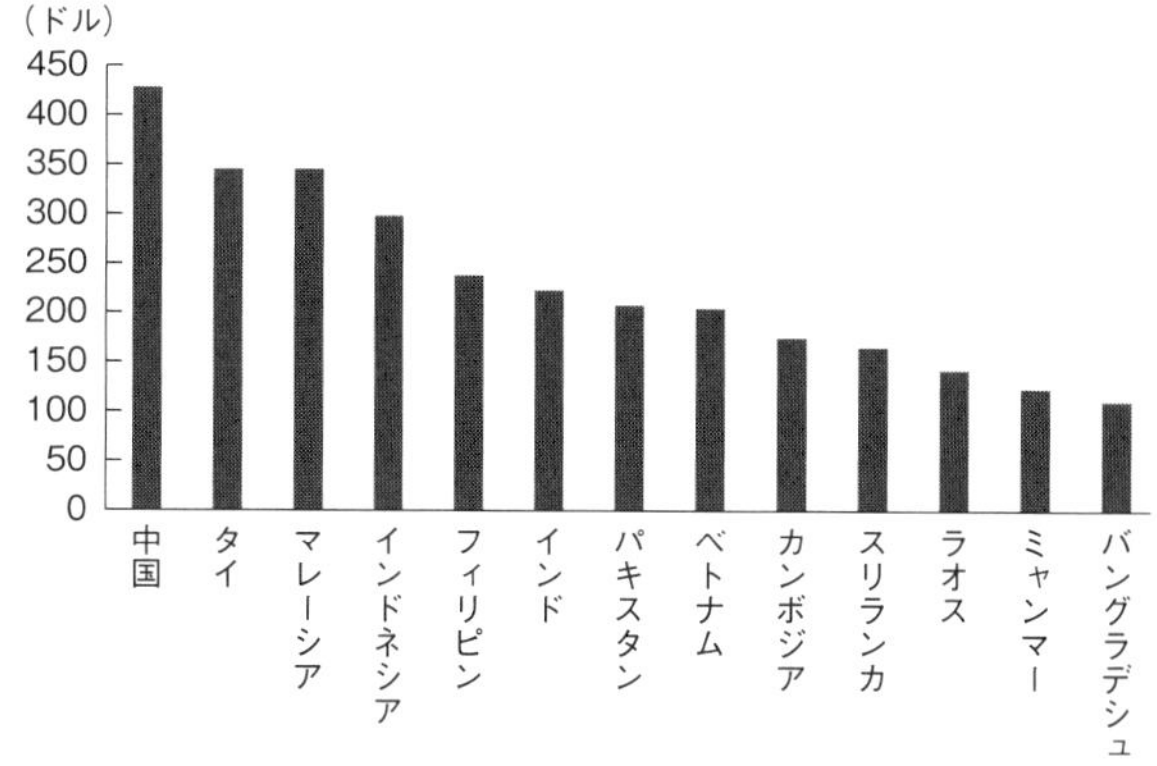

出所：経済産業省資料

視される。このため、わが国をはじめとする先進国企業は海外進出を進め、中国は一九九〇年代以降、徐々に「世界の工場」としての地位を確立していった。

それに加え中国は、高い成長率に支えられ、世界の一大消費市場としての存在感も高めていった。中国の需要取り込みを狙い、ドイツは、国家のトップ自らフォルクスワーゲンなどの自国企業を売り込み、中国との関係強化を図ったほどだ。

ただ現在、世界の工場としての中国の地位が低下している。様々な要因が考えられるが、中国における生産年齢人口（中国の定義では一五〜六四歳の人口）の減少と、アメリカのドナルド・トランプ大統領の通商政策の影響が重要だ。

この中国では、二〇一二年に生産年齢人口が減少に転じた。つまり、人口の増加によって安価な労働力を供給して経済成長率を高めるという「人口ボーナス」の環境が終焉《しゅうえん》を迎えたのだ。

生産年齢人口が減少に転じると労働コストは高まる。これは人口動態が経済活動の足かせになる「人口オーナス」の一つの現象といって良いだろう。前ページの図表24から分かる通り、すでに中国の賃金水準は、アジア新興国のなかでも、トップ水準にまで高まった。

ドイツや韓国では甚大な悪影響

それに加え、二〇一七年一月二〇日、ドナルド・トランプが第四五代アメリカ大統領に就任した。トランプは、鉄鋼や農業など、今後の成長があまり見込めない分野を重視し、雇用を守ると主張してきた。その考えに基づきトランプは、世界に進出した企業の製造拠点を、アメリカ国内に連れ戻そうとした。

その手段としてトランプ政権が重視したものの一つが、制裁関税だ。

二〇一八年三月、トランプ政権はアメリカに輸入される鉄鋼に二五%、アルミニウムに一〇%の追加関税をかけると発表した。また、七月以降、中国への制裁関税も発動された。これを受けてEUは、アメリカのバーボン・ウイスキーやオートバイなどに報復関税をかけた。中国も報復関税を発動した。

世界の工場としての地位を確立した中国に生産拠点を置き、それを中心にリプライチェーンを構築して収益を上げるグローバル企業のビジネスモデルには、この制裁関税の応酬によって混乱が生じた。

制裁関税を回避するためには、よりコストの低い国に生産拠点を移す必要が出てくる。しかし、設備の移転などにはコストがかかる。同時に、米中経済戦争への懸念から中国経済の減速が鮮明化し、半導体市況の悪化なども進んだ。すると、コストの増加と収益減少への懸念から、世界的に製造業の景況感が悪化したのだ。

なお次ページの図表25に見るように、相対的に非製造業の景況感が良好さを保っているのは、世界的に人手不足が深刻化し、賃金に上昇圧力がかかりやすいことなどが影響しているものと考えられる。ただ、製造業の景況感が悪化する一方、非製造業の景況感が良好さを維持し、世界経済全体の景気が支えられるという展開は想定しづらい。

図表25　グローバルPMI（購買担当者景気指数）の推移

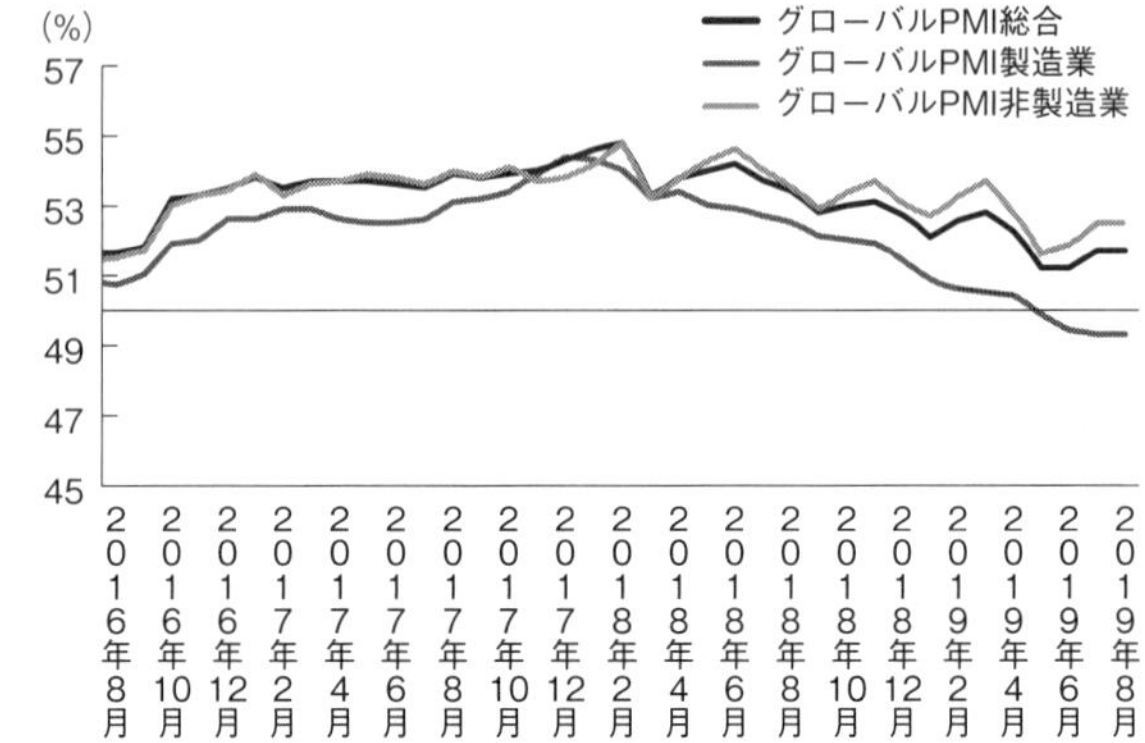

出所：各種の報道データをもとに集計

無から需要を生み出すことができるのは製造業だ。その景況感が悪化傾向をたどるのであれば、いずれは非製造業も同じ展開をたどるものと考えられる。

そのため、すでに米アップルや韓国サムスン電子などの大手企業は、中国を中心に整備してきたサプライチェーンを再編し、ベトナムやインドなど、より労働コストの低い国に生産拠点を移している。中国企業のなかにも、コストの低減を目指して海外に出ていく企業が出始めた。

この動きは日本企業も同様だ。工場移転を計画している日本企業としては、ベトナムに対しては任天堂、アシックス、京セラ、シャープ、タイに対してはリコー、シャープ、カシオ計算機などが挙げられる。

また、こうしたグローバル企業の動きを受け、東南アジア諸国は数々の優遇策を打ち出し始めた。たとえばタイは、中国から工場を移転する企業への優遇措置として、最大五〇％の法人税減税などを打ち出している。フィリピンでもロペス貿易産業相が「いまが中国から製造業を呼び込む良い機会だ」という声明を発表し、外資の参入規制緩和などに取り組むことを明らかにした。

……こうした動きが続くと、徐々に中国国内での雇用が減少するだろう。それと同じタイミングで不動産バブルが崩壊すれば、中国経済にはかなりの下押し圧力がかかるはずだ。

世界有数の企業、アップルも、コスト削減のため、中国企業が生産する部材を用いて、グローバル・サプライチェーンの寸断を目論《もくろ》むトランプ政権の政策に対応しようとしている。アップルは中国の京東方科技集団（ＢＯＥグループ）が製造する有機ＥＬパネルの使用を検討し始めたと報じられた。これは、アップルのビジネスモデルが岐路《きろ》に立ったことを示唆する。

というのも、従来、アップルは高付加価値の製品創出を重視してきた。そうして自社ではテクノロジーの開発やデザインに特化し、高付加価値の商品コンセプトをまとめ、世界から優秀な部品などを集めたうえで、中国にあるフォックスコン（台湾の鴻海《ホンファイ》精密工業傘下）の工場で組み立て、世界に輸出するビジネスモデルを構築してきた。

しかし、中国ファーウェイのシェア上昇に見られる通り、スマートフォンの需要は飽和し、市場では価格競争が進んでいる。高価格帯のｉＰｈｏｎｅがブランド力などを背景にシェアを獲得することは難しくなっているのだ。

世界の工場としての中国の地位が低下するタイミングでアップルのサプライチェーンが混乱し、ビジネスモデルの再構築が不可避となっていることは、世界のＩＴ先端企業すべてにとって、無視できない問題だ。

ただ、国有企業などが補助金頼みの経営を続け、大胆な構造改革を進めることのできない習近平政権には、大改革を前提にした政策運営を考えることはできないだろう。そう考えると、世界の工場としての中国の地位は低下せざるを得ない。

すると、中国の需要の取り込みを重視してきたドイツや韓国など世界各国に、マイナスの影響が及ぶことは避けられないだろう。

激変する世界のサプライチェーン

このように、中国が世界の工場としての地位を失うなか、今後のグローバル・サプライチェーンがどうなるかを考えてみたい。

一九七〇年代から八〇年代、わが国の企業は自動車や電機の分野で技術力を高め、それを強みにして完成品を輸出し、成長を遂げた。これは、わが国が世界の工場としての地位を確立したことといえる。

一九九〇年代に入ると、中国で改革が進み、軽工業を中心に工業化の初期段階へと進んだ。中国は安価かつ豊富な労働力を強みにして各国の生産拠点を誘致し、わが国に代わって世界の工場としての地位を高めた。これまでの世界経済においては、日本から中国へと世界の工場の役割が移転し、世界で多く使われる「モノ」が生み出されてきたのだ。

では、ここから先、どこか特定の国が中国に代わる世界の工場としての地位を確立していくのか、それとも様々な国に生産拠点が分散していくのか、世界経済は非常に大きな変化の局面を迎えつつある。

足もとで世界のサプライチェーンにどのような変化が起きているかを考えるためには、経済のグローバル化に対するイメージを持つことが大切だと思う。経済のグローバル化の実体を理解するためには、次のように考えると良いだろう。

各国の企業はより有利な生産プロセスの確立を目指して中国など新興国に進出し、生産拠点を設け、供給網を整備した。この結果、たとえばアメリカでは、IT分野を中心とする効率性の高い産業にヒト・モノ・カネの経営資源が再配分された。同時に、鉄鋼や石炭などの従来型の産業は衰退した。これがグローバル化に伴う世界経済の変化である。

分かりやすくいえば、経済のグローバル化は、先進国の中間層が遠心分離器にかけられ、一部の富裕層と、その他大多数の低所得者層に振り分けられてしまったような状況をもたらした。この結果、先進国では中間層の厚みが小さくなってしまった。同時に中国では、安価かつ豊富な労働力という優位性を活かして、繊維などの軽工業から重工業分野へと、各国企業の事業内容が拡大していった。

トランプ大統領は、経済のグローバル化の進展に伴って厳しさを増した所得や雇用環境に直面する白人労働者の支持を取り込むことで当選を果たしたといえる。このように考えると、アメリカをはじめとする先進国における「内向き志向」の高まりの背景の一つには、経済のグローバル化によって十分な恩恵を享受《きょうじゅ》できなかった人々の不満がある。各国の政治家が、短期間で、この問題を解決することは難しい。

いまトランプ大統領は、世界に出ていった自国の企業を連れ戻そうとしている。それが、米中経済戦争を熾烈《しれつ》化させている。この米中の貿易摩擦には、トランプ大統領の点数稼ぎ（対中貿易赤字削減）としての側面と、米中の覇権国争いという二つの側面がある。

覇権国争いは長期的な変化であり、簡単には落ち着かないだろう。それも、中国バブル崩壊を確実なものに近づけている。

米中貿易摩擦と日本のチャンス

さて、米中経済戦争の激化によって、今後も中国から他の国に生産拠点を移す企業は増えていく可能性が高い。これが世界経済の変化を促す可能性も高い。タイやインドなど、外資を誘致して国内の資本蓄積を高めたいと考える国は多い。実際、中国からタイやインドへ生産拠点を移す企業が増えていることは指摘した通りだ。

地域別に見た場合、多くの企業は、中国からアジアの新興国に生産拠点を移そうとしている。その背景には様々な要因がある。まず、アジア新興国では社会のインフラ整備が進んできた。それは、企業の活動を支える重要な基盤だ。

アジア新興国が中国から距離が近いことも大切だろう。新興国のなかでもアジア各国は、比較的、政情が安定していることも、企業にとっては見逃せない。また、人口が増加中であり、社会全体の平均年齢が若いことなども、企業がアジアを目指す理由である。

ただ、労働コストの面ではアフリカのほうが有利だという指摘もある。しかしアフリカ諸国では、アジアに比べてインフラ整備が遅れている。加えて、独裁政権の崩壊などによって社会情勢が不安定な国も多い。

すでに中国は、アフリカ諸国との関係を強化し、未開の市場を開拓、需要を取り込むための橋頭堡《きょうとうほ》を築きつつある。ただ、各国の企業が自力でアフリカ大陸に進出し、地政学などのリスクに対応していくことは、かなり難しいのではないか。現時点でのサプライチェーン再構築の動きなどを見ていると、企業がアフリカ大陸進出を目指すには、まだ時間がかかるというのが実状だろう。

以上のように考えると、世界の工場としての中国の地位が低下するとともに、アジアの国にその役割が移されていくことになるだろう。ここで重要なのが、インドやタイなど、特定の国に工場としての役割が集積していくか否《いな》かだ。おそらくはそうならないように思う。むしろ、各国が得意なことを活かし、企業の生産拠点が様々な国に分散していくことが想定される。

具体的にアジア各国の持つ産業面の特徴を考えてみるとよく分かる。

たとえばタイには、自動車の生産拠点が集積されてきた。二〇一一年のタイ洪水が発生した際、トヨタ、ホンダ、米フォードなどが、同国での組み立てを一時中止した。また、コンピュータのハードディスクの生産にも支障を来《きた》した。このように、タイは自動車を中心とする生産に強みを持っている。

また台湾では、世界最大の半導体製造ファウンドリー（チップを受託製造する工場）である台湾積体電路製造（ＴＳＭＣ）をはじめ、半導体生産に強みを持つ。

インドは数学に秀《ひい》でた人材を多く抱え、ソフトウェア開発やビジネスのアウトソーシングなどを得意としてきた。

ベトナムには日本企業が数多く進出し、製造業の裾野が広がりつつある。ヤマハ発動機は二輪車の生産を行っている。

このように、中国に集中してきた各国企業の生産拠点は、アジア新興各国の賃金水準や人材の特徴、あるいは技術水準などを判断基準として、複数の国に分散されていくだろう。

今後の展開としては、たとえば自動車であれば、タイの生産能力が増強されていく可能性がある。その場合、各国の自動車メーカーは世界のサプライヤーから部品を仕入れ、それをタイに送り、そこで組み立てを行ったうえで世界各国に輸出する、そうしたサプライチェーンを構築していくことになるだろう。

こうした変化のなかで、わが国にもチャンスがあるはずだ。世界的に、わが国の技術力は高く評価されている。近年の韓国経済は、半導体の輸出によって景気を支えてきたが、そのかなりの部分が、わが国が供給した「フッ化水素」「フッ化ポリイミド」「レジスト」などの高品質の半導体材料、精巧な半導体製造装置を用いて行われている。

またアップルも、iPhoneに搭載するカメラの画像処理のためにソニーのCMOSイメージセンサーを採用してきた。中国は、工場のオートメーション推進のためにわが国の制御装置を買い求めている。いわずもがなだが、わが国の技術力は高い。

このように、今後のサプライチェーンは、各国の「比較優位」に基づいて再構築され、様々な国に分散されていく可能性が高い。それに対応するためには、企業の規模や体力が問われる。

国際的な自動車メーカー、フィアット・クライスラー・オートモービルズ（FCA）がフランスのルノーとの経営統合を目指した背景には、こうした規模の経済効果を追求することによって経営の効率性を高め、新たなサプライチェーンを構築していく体力を付けるという狙いがあったはずだ。

中国バブル崩壊で日本はどうなる

中国経済の動向は、わが国に非常に大きな影響を与える。この問題を考えるとき、短期の時間軸と中長期の時間軸の二つに分けることが大切だ。

当面、中国経済は一段と厳しい状況を迎えるだろう。バブル崩壊のリスク、世界の工場としての地位喪失、成長の限界などを迎えつつあるなか、消費者の支出意欲は低下するだろう。企業の設備投資も下ぶれる可能性が高い。それは、わが国経済を下押しする要因だ。

まずは短期的にわが国が直面する変化について。短期的に中国経済は減速し、わが国にはマイナスの影響が及ぶだろう。状況によっては、わが国の景気後退懸念が高まることもある。

近年の中国は、投資に依存して経済成長率を人為的に持ち上げてきた。しかし、すでに十分な収益を生み出すことのできる公共事業などが見当たらなくなってしまった。同時に、投資以外に景気を押し上げる有効な手立ては見出《みいだ》しづらい。経済成長は限界を迎えつつあるのだ。

そうしたなか、人民元への売り圧力は高まっている。これは、海外投資家はいうに及ばず、中国本土の人々が経済の先行きを不安視し、お金を海外に持ち出そうとしていることに起因する。

不動産バブルが残るなかで、株価の上値《うわね》も抑えられがちになっていくだろう。もし、不動産価格の下落が鮮明となるのであれば、中国の株価には、かなりの下押し圧力がかかるはずだ。

加えて、共産党政権は、人々から信頼されなくなったように見える。香港の反政府デモが長引いていることなどを見ても、中国共産党の求心力は低下している。軍部や党の長老らから不満や批判が相次ぎ、習近平が「四面楚歌《しめんそか》」に近いような状況に直面しているといった、かなり深刻な見方もある。

このように考えると、中国の個人消費や企業の設備投資は抑制されていく可能性が高い。すると日本経済には、どのような影響が生じるのだろうか。

工作機械の受注で分かる重要事実

ここで、近年の日中の経済関係を考えるうえでは、中国の工作機械の需要を確認しておくと良いだろう。それによって、中国経済が一段と減速するマグニチュードの大きさをより確実に感じることができるはずだ。

工作機械は、マザーマシン（機械を作る機械）と呼ばれ、作業者が操作を行う汎用工作機械と、コンピュータに制御されたNC工作機械の二つのタイプがある。

次ページの図表26にあるように、外需と内需に分けて工作機械の受注動向を見ると、基本的には外需に牽引されて、わが国の工作機械受注は増加してきた。さらに、図表27で工作機械に対する外需の前年同月比の変化率に対する国・地域ごとの寄与度を見ると、二〇一六年ごろから中国の需要が大きく高まってきたことが分かる。

中国がわが国の工作機械を買い求めた背景には様々なことが考えられる。その一つとして、「中国製造2025」は重要だ。二〇一五年五月、中国政府が打ち出した先端分野を中心とする産業振興策が「中国製造2025」である。中国政府はIT先端技術をはじめとする一〇の重点分野と二三の品目を掲げ、二〇二五年までに世界の製造強国に入ることを目指すとした。具体的には、産業用ロボットや電気自動車など次世代自動車の普及、5

図表26 わが国の工作機械受注の推移（金額ベース、内外需別）

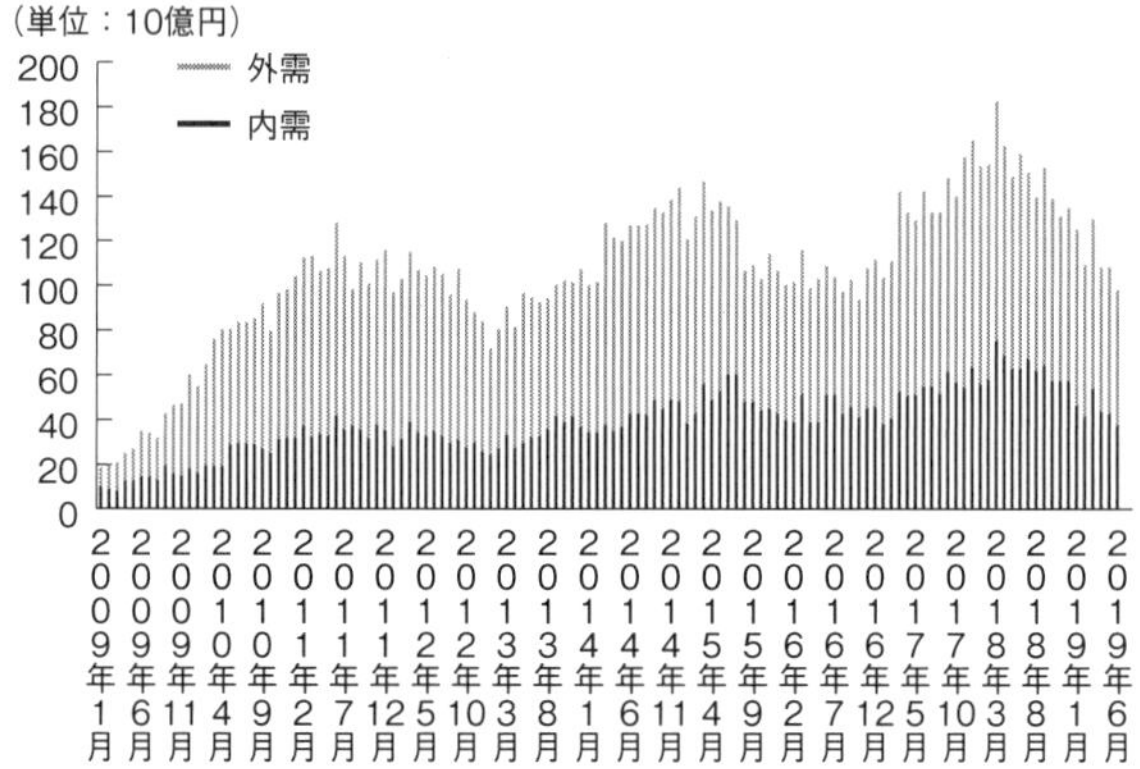

出所：日本工作機械工業会資料

図表27 工作機械受注の推移（外需の前年同月比変化率とその寄与度）

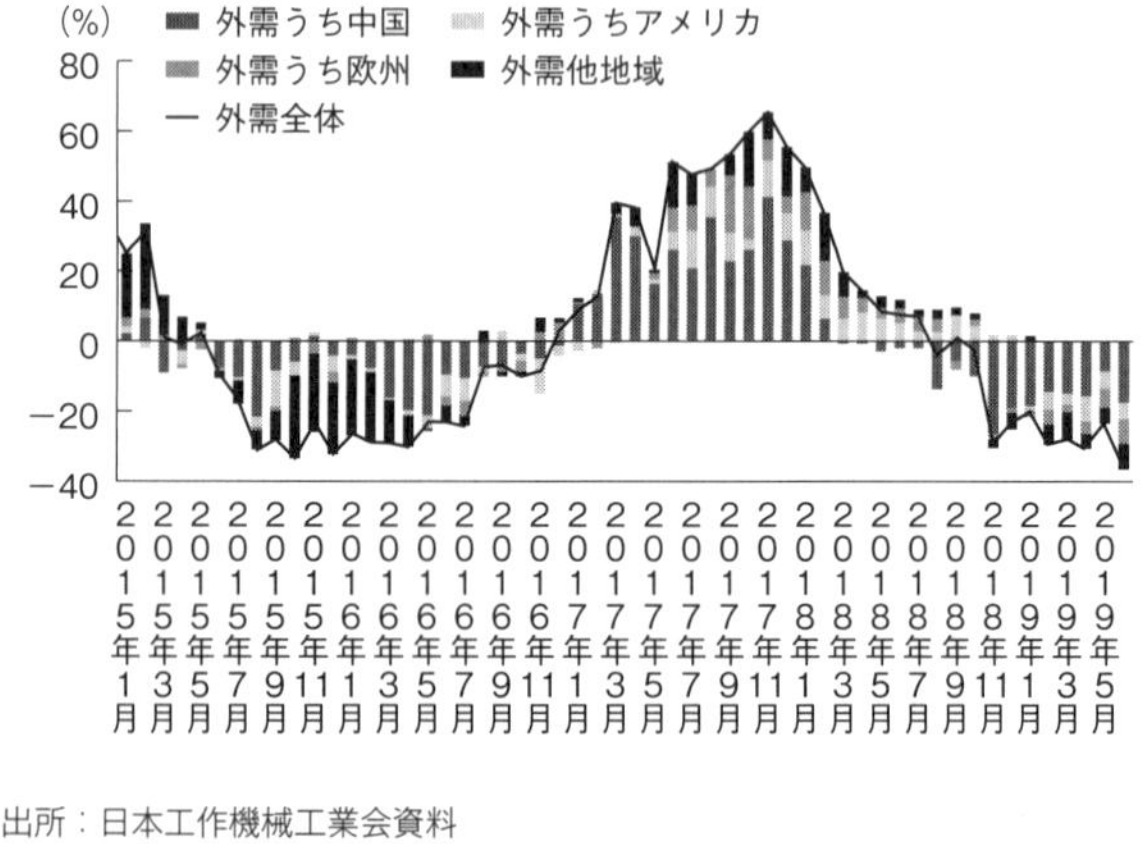

出所：日本工作機械工業会資料

Gなどの次世代通信技術の開発、宇宙開発のためのテクノロジー向上などを目指している。

この産業振興策のもと、わが国の工作機械を買い求め、産業用ロボットや半導体および半導体製造装置などの生産能力の強化、あるいは生産現場へのＩｏＴ（モノのインターネット化）など先端技術の導入を加速した。それに加え、中国向け工作機械需要が高まるに伴い、ヨーロッパなど他地域からの需要も上向いたことが分かる。

ということは、設備投資の面でも、中国の需要は、わが国経済にとても大きく影響してきたのだ。

また、中国人観光客などの消費意欲の高さも「爆買い」として有名になった。爆買いブームが一巡したあともなお、わが国の地方経済においては、中国人観光客の多寡《たか》が、その土地の景気に無視できない影響を与えていると見られる。

対照的に、二〇一八年以降、中国の工作機械需要が急速に落ち込んだ。この背景には、いくつかの要因が考えられる。一つのポイントとして、二〇一七年一〇月の中国共産党の党大会が終わり、公共事業が縮小され、中国経済の減速が鮮明となったことの影響があるだろう。また、その後は前述の通り、中国の新車販売台数が大幅に減少した。さらに、米中経済戦争が激化し、中国の景況感が悪化した。

こうした変化を受け、わが国の工作機械受注は大きく落ち込んだ。世界的なサプライチェーンの混乱が進むなか、中国以外からの工作機械需要も落ち込んでいる。

前記の「読売新聞」が詳報しているように、サプライチェーンは、中国一国から東アジアに分散するだろう。中国の企業にも同様の動きが広がりつつあり、世界の企業が進めるサプライチェーンの再構築に日本企業は対応しなければならない。

日本企業が世界サプライチェーン再編に対応し、必要な費用を負担することは大きな問題とはならないだろう。実際、ミャンマーでは、日本が支援する経済特区への在中国・日本企業の視察が増加しているが、アウン・サン・スー・チー国家最高顧問は、〈規制の緩和をさらに進め、経済発展のパートナーとなる企業を呼び込みたい〉（「読売新聞」二〇一九年九月一五日付）としている。サプライチェーン再編に向き合う状況は整いつつあるといえよう。

いやむしろ、この変化は、わが国にチャンスとなる可能性がある。そう考える背景には様々な要因があるが、日本企業がキャッシュを潤沢に抱えているという点は大切だ。財務省が公表する法人企業統計調査（平成三〇年度）によると、わが国の企業は手元資金（内部留保）を潤沢に抱え、その規模は四六〇兆円（金融・保険業を除く）を超えた。

加えて、わが国の銀行セクターのバランスシートは健全だ。対照的に、ドイツやイタリアなどユーロ圏の銀行は、不良債権の問題と収益性の低下に直面している。中国の不動産バブルなどが深刻化すれば、中国の銀行システムも混乱するだろう。わが国の金融システムおよび企業の財務内容は、そうしたリスクへの抵抗力を備えていると考えられる。

それに加え、サプライチェーンの再構築とともに、わが国が強みを発揮するチャンスも想定される。たとえば中国にある工場を閉鎖し、それを他の国に移管する場合、工場で用いられる工作機械などへの需要は高まるだろう。わが国が強みを発揮してきた半導体製造装置などにも同じことが当てはまるはずだ。

世界最大のドイツ経常黒字の裏側

中国の不動産バブルが崩壊し、不良債権問題が深刻化した場合、ドイツをはじめとするユーロ圏経済にはかなりの影響が及ぶだろう。特に、中国との関係を重視してきたドイツは、わが国以上に厳しい状況に直面する恐れがある。

以下では、ユーロ圏の政治・経済の盟主であるドイツが中国経済とどのように関係を強化したかを振り返る。そのうえで、中国経済の減速からドイツ経済にどのような影響が及ぶかを考察する。

ドイツ経済には、様々な特徴がある。そのなかでも貿易依存度が高いことに注目すると、ドイツ経済の特性が分かりやすい。二〇一八年時点でドイツの貿易依存度は八七%程度ある。また、輸出依存度も四〇%を超えている（図表28）。これは世界的に見て高い。

それに加え、リーマンショック後も、ドイツの輸出への依存度は高まっている。自動車をはじめとする輸送用機器などが主な輸出品だ。こうして輸出が増加した結果、ドイツの経常収支は世界最大の黒字となっている。二〇一八年ドイツの経常黒字は二九八〇億ドル（約三二兆円）に達した。

ドイツが輸出を重視した重要な要因として、少子化や高齢化、および人口の減少が深刻化してきたことは見逃せないだろう。人口減少などの問題は、わが国の「専売特許」ではない。人口が減少していくなか、内需の拡大を目指すことはかなり難しい。そのためドイツは、トルコなどからの移民を積極的に受け入れて国内経済を支えつつ、輸出競争力の向上を目指してきたのだ。

そのドイツが輸出先として重視してきたのが中国だ。ドイツは国家レベルで企業の中国

図表28　ドイツの貿易・輸出依存度（GDP比）

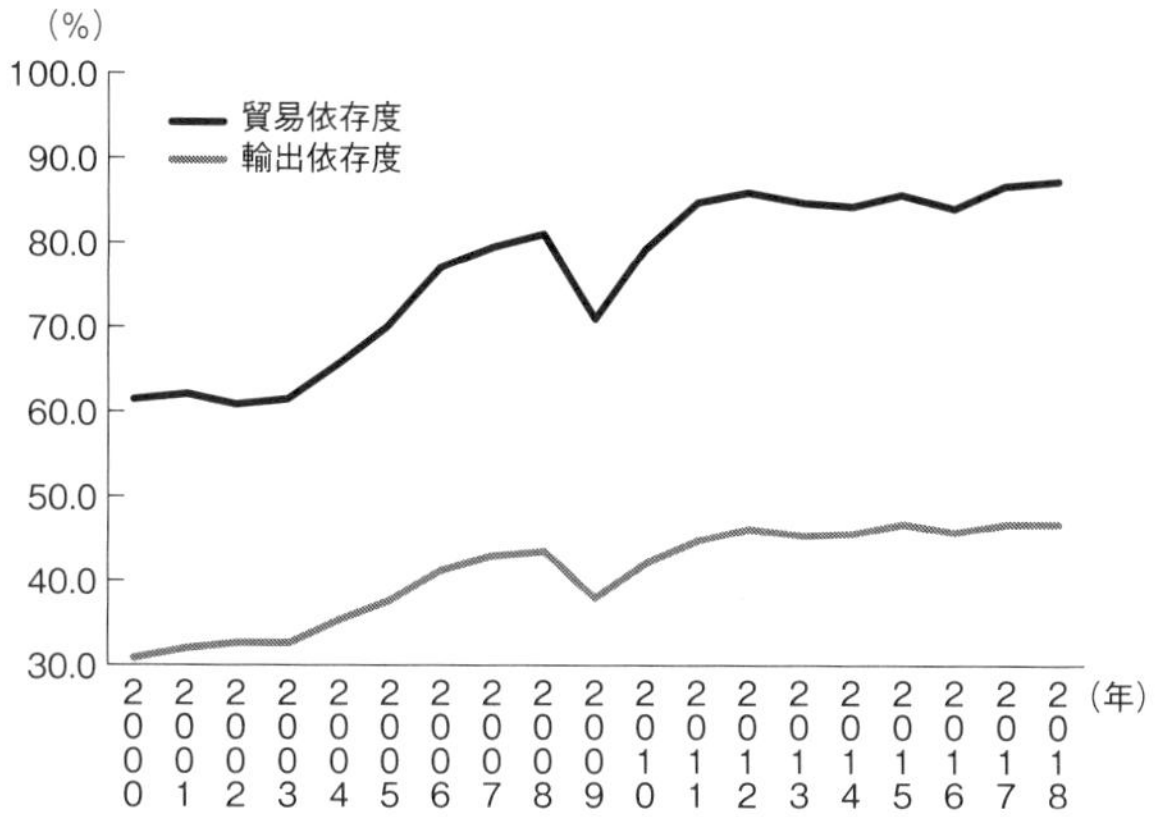

出所：世界銀行資料

進出を支えてきた。それを強力に推進したのが、アンゲラ・メルケル首相である。

そうしてメルケルは、積極的に中国を訪問した。その際、フォルクスワーゲンをはじめとする自動車関連企業などのトップを引き連れて、中国に自国の製品を自ら売り込んだ。この結果、フォルクスワーゲンは中国の自動車市場においてシェア一位の座を確保し、ドイツは中国と「蜜月《みつげつ》」ともいわれるほどの良好な関係を築き上げた。

二〇一七年六月には、アメリカのトランプ大統領が地球温暖化対策の国際的枠組みである「パリ協定」からの離脱を宣言した。それとほぼ同じタイミングで、トランプに対抗するように、ドイツは中国との電

図表29　Ifo景況感指数の推移（2015年＝100）

出所：Ifo経済研究所（ドイツ）資料

気自動車（ＥＶ）の合弁生産に調印した。すると、欧州各国もＥＶの導入を重視し始めた。ドイツと中国の関係は、他のＥＵ諸国の政策や企業経営に対し、無視できない影響を与えてきたのだ。

このとき中国政府は、フォルクスワーゲンに対し、外資企業では初めて三社目の提携を認めた。その背景には、ＥＶ生産の強化によって中国国内の需要を喚起すること、大気汚染対策を進めること、ドイツの自動車生産のノウハウを中国企業に吸収させて技術移転を加速すること、などの目論見があった。

ドイツはそれと引き換えに、世界最大の人口を誇る中国の消費市場へのアクセスを確保し、持続的に中国の需要を取り込もうとした。そのほか、化学や工作機械など様々な分野で、ドイツは中国経済への依存度を高めた。

メルケル政権下、ドイツは中国の需要を取り込んでEU諸国の景気持ち直しを支えた。これによって、ドイツは欧州の盟主としての存在感を発揮し、メルケル首相も欧州各国に対する影響力やリーダーシップを発揮することができたと考えられる。

ドイツ企業約七〇〇〇社に対するアンケートを基に作成されるＩｆｏ景況感指数の推移（図表29）を見ると、二〇一六年半ばごろから中国が公共事業を増やして景気回復を実現してきた時系列に沿って、ドイツの景況感は上向いた。

中国依存度の高いドイツの悲劇

しかし二〇一七年末ごろ、ドイツの景況感はピークを迎えた。二〇一八年からドイツの景況感は悪化傾向にある。このあたりから、徐々に、ドイツと中国の蜜月関係に変化が表れた。その背景には様々な要因がある。最も大きかったのが、中国経済の減速だろう。これを受けて、ドイツの景況感は、想定された以上のスピードで悪化した。

この事実は、ドイツの経済界に、中国への依存度を高めすぎたとの反省を与えたといえ

図表30　ユーロ圏各国の実質GDP成長率の推移（前期比）

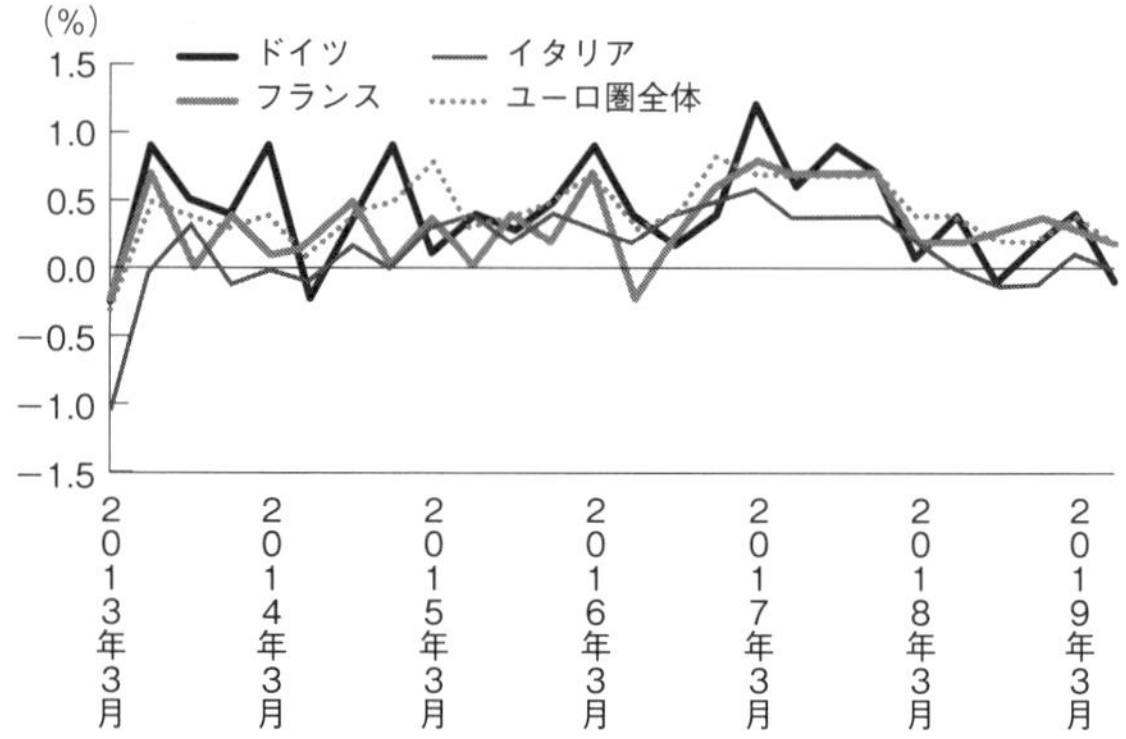

出所：Eurostatおよび各国政府資料

る。また、「中国製造２０２５」を推進することによって、中国がドイツ企業の顧客ではなく、競合相手になるとの警戒感も高まった。

　すると、ドイツは徐々に中国との距離をとり始めた。アメリカと中国が制裁関税と報復関税の応酬を繰り広げ、ＥＵにもアメリカの制裁関税が課せられたことや、ＩＴ先端分野での中国の開発力の急速な向上への警戒感なども手伝ったのだろう。

　ＧＤＰ成長率の推移やドイツのＩｆｏ景況感指数の推移を見ても、中国がくしゃみをするとドイツを筆頭にＥＵ諸国の多くが風邪をひくといえる様相だ。それほど中国経済減速のマグニチュードは大きい。ドイツが想定してきた以上に中国への依存度を高めてしまったので、EU諸国にも無視できない影響を与えていることが窺《うかが》える。

経済環境の悪化に伴い、ドイツでは有権者の不満が高まった。移民や中東・北アフリカからの難民が流入し、治安悪化などへの懸念が高まったこととの影響も見逃せない。その結果、メルケル政権の求心力は低下し、極右政党などへの支持が高まった。こうして二〇一八年一〇月、メルケル首相が二〇二一年秋の任期満了をもって引退する考えを表明した。

メルケルが引退を決意したことは、今後のユーロ圏およびEUの連携に無視できない影響を与えるとの見方がある。イギリスのEU離脱（ブレグジット）も、どうなるか先行きが見通しづらい。特に、アイルランドの国境問題をどう管理するかは難題だ。

また二〇一九年六月、イタリアではポピュリスト政治家が中国の一帯一路構想の覚書《おぼえがき》に署名するなど、自国の事情を最優先に考える政治家が増えている。メルケル首相が求心力を失うに伴い、ドイツの政治力・経済力によって支えられてきたEU諸国の連携には、綻《ほころ》びが見え始めている。

政治連携の綻びは、金融システムにも波紋を投げかける恐れがある。イタリアを中心に南欧各国の不良債権比率が高く、ドイツでも銀行システムへの不安が高まっている。

図表31　ユーロ圏各国の不良債権比率（2019年3月末）

国名	不良債権比率（%）
ベルギー	2.11%
ドイツ	1.19%
アイルランド	4.46%
ギリシャ	41.41%
スペイン	3.62%
フランス	2.70%
イタリア	8.37%
キプロス	20.31%
オランダ	1.87%
オーストリア	2.63%
ポルトガル	11.50%
ユーロ圏平均	**3.67%**

出所：ECB（欧州中央銀行）資料

しかしEU内では、銀行の破綻《はたん》処理に関して見解がまとまっていない。

銀行の破綻処理は、まず公的資金を注入し、それと同時に不良債権処理を進めるのが定石《じょうせき》だ。ただ欧州委員会は、この破綻処理の方法が金融危機の一因であると考え、公的資金の注入よりも前に銀行の債権者や株主などに損失を負担させることを重視している。これを「ベイルイン」と呼ぶ。

二〇一七年、イタリアのモンテパスキ銀行の救済においては、この方法が実行されなかった。イタリアの政治家は、多くの個人が銀行の発行した債券を保有しているため、損失処理に伴って世論の不満を増幅させることを恐れたのだ。また、実際にベイルインを実施した場合、かなりの影響がユーロ圏の銀行システム全体に広がっただろう。

またドイツでは、最大手ドイツ銀行の経営再建が難航を極めている。冷戦終結後、もともと商業銀行としてビジネスを行ってきたドイツ銀行は、「グローバル化」に対応すべく、国際業務の強化に取り組んだ。ドイツ銀行が重視したのが、企業の買収などを手掛ける「投資銀行業務」だった。そのため、一九九八年、ドイツ銀行は全米第八位の投資銀行だったバンカース・トラストを買収した。

問題は、商業銀行と投資銀行のビジネスモデルが根本的に異なることだ。商業銀行と投資銀行を一つにまとめ、成功したケースはない。結果的に、ドイツ銀行は、投資銀行部門に資源を過剰に配分してしまった。こうしてリーマンショック後、ドイツ銀行は、事業のコスト負担に耐えられなくなってしまったのだ。結果、ドイツ銀行は、資産の売却や人員削減によって当面の経営をつなぐ状況に直面している。

この状況下、仮に中国の不動産バブルが崩壊すると、ユーロ圏の銀行システム全体で急速に信用収縮が進む恐れがある。実体経済面では、ドイツの輸出にさらなるブレーキがかかるだろう。それはＥＵ諸国の景気を大きく悪化させる要因となる。

近年のドイツ経済にとって、中国の需要を取り込むことは、確かに景気昂揚《こうよう》のために重要だった。ただ、ドイツはあまりに中国への依存度を高めてしまった。そのうえ、ドイツとイタリアを中心に、従来の政治に対する民衆の反感も高まっている。

中国経済に支えられたドイツ経済を頼って回復を実現してきたEU諸国が、今後、どのようにして自律的な回復を目指していくか、先行きは見通しづらい。こうしたことも、ディープインパクト不況の現実性を裏付けている。

中国の景気対策で動く韓国経済

中国の不動産バブルが崩壊したとき、韓国も、かなり厳しい状況を迎えることになるだろう。さらに問題なのは、韓国の政府が、そうした先行きのリスクにどう対応するかが分からないことだ。

韓国の経済は、財閥企業の輸出増加によって経済成長を実現してきた。その韓国企業にとって、中国は最大の輸出先だ。香港を含む対中輸出は、韓国の輸出全体の三割以上を占める。

韓国最大の企業であるサムスン電子の売上高は、韓国のGDP（国内総生産）の一三％程度に達し、経済に与える影響は大きい。一〇大財閥の売上高を合計すると、GDPの約四〇％を占める。

このように韓国経済は、事実上、財閥企業による寡占《かせん》状態にある。一握りの大企業に富が集中しやすい構造ができあがっており、多くの国民が公平な経済成長を実感しづらい状況が続いてきた。見方を変えれば、中国経済が上向き、財閥企業の業績が良いときは、韓国の社会は落ち着いている。

反対に、中国経済の減速などを受けて財閥企業の経営が悪化すると、経済格差などへの不満が一気に高まり始める。しかし、韓国の政治家がその不満を解消することは難しい。なぜなら、財閥企業の経営改革などを進めれば、韓国国内の雇用や所得環境が大きく悪化してしまう恐れがあるからだ。

過去の政権は、本来であれば必要である改革の痛みを先送りし、反日感情を煽《あお》ることで、国民からの批判をかわそうとしてきた。前政権への不満などを取り込んで政権交代が実現しても、しばらくすると徐々に支持率は低下し、政権のレームダック化が鮮明化する。これが、韓国という国の基本的な特徴といえる。

そうした韓国の経済は、近年、中国にべったりと寄り添い、そのおこぼれに与《あずか》ろうとしてきたように見える。

図表32　韓国総合指数と上海総合指数の推移

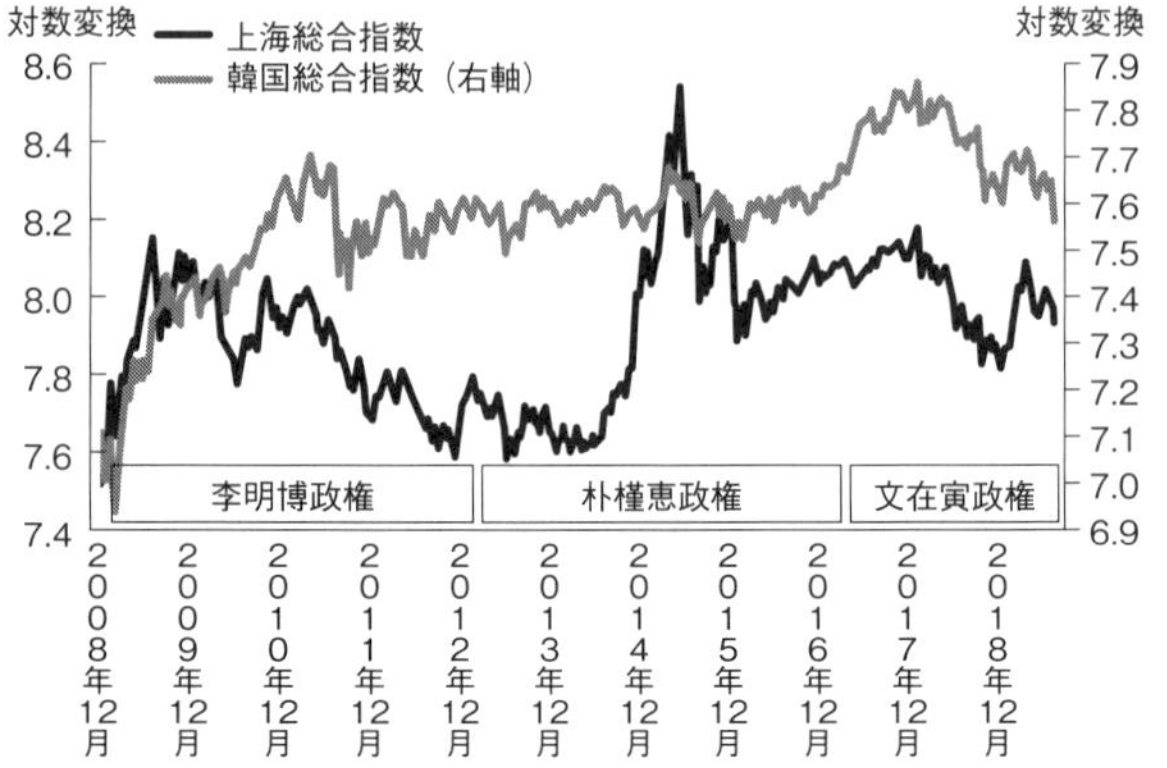

出所：Google Finance

図表32で対数変換した韓国と中国の株価の推移を見ると、その関係性がよく分かる。リーマンショック後、および、二〇一六年後半から二〇一八年初めにかけて、韓国の株価は上昇した。この株価上昇を支えた大きな要因が、中国の景気対策だ。

リーマンショック後、李明博《イミョンバク》大統領の経済運営は、中国の発動した四兆元の経済対策に助けられたとの見方もある。当時、中国政府が農村部での自動車普及などを重視したことが支えとなり、現代自動車など韓国自動車企業の業績が拡大した。それは韓国経済を支える大きな原動力となった。

その後、朴槿恵《パククネ》政権下では、中国の株式市場で一時的な株価の高騰があったものの、韓国の株価は横ばい圏で推移した。この背景には、当時の中国政府が公共事業を従来ほど積極的には進めていなかったことがある。

加えて、二〇一三年五月、当時のFRB（アメリカ連邦準備制度理事会）議長であったベン・バーナンキが早期の量的緩和縮小の可能性に言及し、新興国の金融市場が混乱した。二〇一五年夏場には中国の株価が急落したり、人民元が切り下げられたりすることによって、アジアを中心とした新興国経済の先行き懸念が高まった。

また、二〇一五年一二月のFRBの利上げへの警戒感などを受けて新興国の株価や通貨が軟調に推移したことなども、韓国の株式市場に影響した。

朴大統領は中国との関係強化に注力した。二〇一五年九月、北京で開催された抗日戦争勝利七〇周年を記念する軍事パレードに参加するなどしたものの、中国からの配慮を得ることはできず、経済への期待は盛り上がらなかった。

二〇一六年後半に入ると、中国政府が翌年の共産党大会に向けて公共投資を進め、韓国経済の先行き期待から、株価は上向いた。ところが二〇一六年一〇月、朴大統領が知人女性を国政に介入させていたことが発覚した。こうして朴大統領は任期満了を待たず、弾劾《だんがい》されたのだ。

この朴政権下末期、アメリカ製の弾道弾迎撃ミサイルであるＴＨＡＡＤ（終末高高度防衛ミサイル）が韓国に到着した。これを受けて中国政府は、韓国向けの団体旅行を禁じる報復措置を打ち出し、韓国経済には下押し圧力がかかった。

その後、二〇一七年五月の大統領選挙に勝利した文在寅《ムンジェイン》大統領は、中国の景気刺激策とトランプ大統領の就任によるアメリカ経済の先行き期待の高まりという好条件に恵まれた。

当初、文大統領は、中国に配慮してＴＨＡＡＤの配備を先延ばしにした。また、対日強硬姿勢を鮮明にすると同時に、北朝鮮との融和姿勢を示した。

この文在寅大統領は、左派の政治家である。そのため労働組合などの支持基盤からの評価を得るために、最低賃金を大幅に引き上げた。二〇一八年には一六・四％、二〇一九年には一〇・九％もの最低賃金の引き上げが行われたのだ。

しかし、経済成長率を無視した賃上げは企業の経営を圧迫し、逆に雇用が減少してしまった。加えて、韓国では自動車や造船など様々な業界で労働争議が多発している。左派政治家の文大統領にとって、経済運営を重視して企業寄りの姿勢を鮮明に示すことは困難だ。

そのうえ、二〇一八年後半以降、中国経済の減速などに圧《お》され、韓国の株価は大きく下落した。中国経済の成長率が低下するに伴い、韓国のＩＴ関連製品への需要が落ち込むことは避けられない。

さらに、中国が韓国のことを相手にしなくなった。すでに習近平国家主席は北朝鮮の金《キム》正恩《ジョンウン》朝鮮労働党委員長との関係を回復した。また、中国はアメリカとの貿易摩擦にも対応しなければならない。中国には韓国をかまう必要性も、ゆとりもないはずだ。

二〇一九年夏、日本による韓国向け半導体素材の輸出規制に対抗し、韓国の格安航空会社が日本への路線運休を打ち出した。そうして浮いたフライトを中国に振り向けようとしたが、中国の航空当局は韓国の要請を却下した。これは、中国が韓国を重視してはいないことの証左だ。

また、文大統領は二〇四五年までに南北を統一すると主張している。しかし、アメリカの同盟国である韓国による朝鮮半島統一など、中国が許すはずがない。

韓国は中国バブルの最大の被害者

中国は韓国から調達してきた半導体の国産化を進めている。韓国は、これまで重要輸出先だった中国からの追い上げにも対応しなければならなくなる。果たして、韓国が自力で世界的に競争力のある製品を生み出すことができるだろうか。それは、かなり難しいように思う。

問題は、韓国国内で技術の蓄積が十分になされていない可能性があることだ。リーマンショック後、韓国自動車業界は一時、飛ぶ鳥を落とす勢いで売り上げを増やした。しかし、その後が続かない。

現代自動車の労組は、かつての米ＧＭ（ゼネラル・モーターズ）の労組以上の交渉力を持っているとされるほど、経営に強い影響力を持つ。韓国の労働組合は景気が良かろうが悪かろうが、基本的には賃上げを求める。それは、企業の成長にとっては大きなマイナスとなる。

また韓国の半導体生産も、事実上、わが国の技術に頼ってきたと考えられる。二〇一九年夏の日韓摩擦で表面化したように、高純度のフッ化水素をはじめとする半導体関連の素材は、一朝一夕に生み出せるものではない。精度の高い半導体製造装置も同様だ。

こうして見てくると、日韓の関係が良好であることは、韓国経済にとって、まさに命綱のような役割を持つといえるだろう。

文政権下、韓国の景気動向は、中国の経済動向によって、糸が切れた凧《たこ》のように振り動かされることになるだろう。

それに加え、文大統領は側近のスキャンダルから世論の目を逸《そ》らせることなどを狙い、日韓の軍事情報包括保護協定（ＧＳＯＭＩＡ）を破棄した。結果、日米両国とも、韓国をほとんど相手にしなくなってしまった。文大統領は自らの立場を守るためだけに、国際社会から韓国を孤立させてしまっているように見える。

このように考えると、ここから先、韓国が自力で、どのようにして経済を支えていくかが分からない。少なくとも、一人当たりのＧＤＰが韓国の四〇分の一という北朝鮮と一体化しても景気が上向かないことは断言できる。恐ろしく賃金が安い北朝鮮の労働者を前に、韓国の大衆は、劇的に貧しくなるだろう。北朝鮮のインフラ整備も、韓国人の税金で行うことになるかもしれない。

さらに韓国では、金融機関や大手企業の株式の多くを外国人投資家が保有している。そのため中国経済が成長の限界を迎えつつあるなか、韓国株を手放し、ウォンを売って自国通貨に換えようとする投資家は増えるだろう。それは韓国からの資本流出を加速させ、結果、韓国の金融システムが不安定になる恐れがある。

中国にしがみついてきた韓国にとって、中国不動産バブルの崩壊は、経済だけでなく、社会心理の急速な悪化と政情不安につながる恐れがある。さらには、その虚を突くようにして北朝鮮が軍事挑発を行い、体制維持の時間を稼ごうとする展開も想定される。

すなわち中国の不動産バブル崩壊が韓国経済に与えるマグニチュードは、ドイツよりも大きなものとなる可能性がある。ディープインパクト不況によって韓国経済はかなり厳しい状況に陥るだろう。

第五章　二〇三〇年の世界地図

日本を無視したクリントンの真意

第五章では、中国の不動産バブルが崩壊したあとの近未来について予想してみたい。

私は二〇二五年までのどこかのタイミングと見るが、中国政府は、不動産バブルの崩壊と、その後始末、および経済成長率の低下といった様々な問題に直面することになるだろう。いつそれが起きるかを正確に予想することは難しいものの、未来永劫、バブル経済が続くことはあり得ない。

そして、このバブル崩壊に伴い、中国の国際社会における発言力や影響力は低下していくだろう。「一帯一路」などに血道《ちみち》を上げ、海外におカネをばらまいても、すべて無駄になってしまう可能性もある。習近平国家主席が国際社会における発言力の低下を回避できるか否かは、かなり不確実だ。

これまで、アジア新興国やヨーロッパ諸国、さらにアフリカ諸国は、中国との関係を重視してきた。その背景には、世界の基軸国家としてのアメリカの地位が徐々に低下し、中国が世界第二位の経済大国として影響力を強めてきたことなどが影響している。

経済成長率が高いということは、その国に豊富な資金があることを意味する。中国はそれを強みにして新興国に支援を呼びかけ、先進国にも参画を求めた。前述の一帯一路やアジアインフラ投資銀行（ＡＩＩＢ）などがそれだ。

ただ、不動産バブルが崩壊して中国の成長率が低下すると、状況は大きく変化する。まず、中国自身が、海外よりも国内の取り組みを優先せざるを得なくなる。その結果、中国の国際社会における発言力は低下するはずだ。

大規模なバブルが崩壊すると、経済成長率は低下する。それだけではない、経済全体でのバランスシート調整、不良債権の処理、ゾンビ企業の整理、失業の増加、財政の悪化など、様々な問題も顕在化する。

成長率の低下を一時的なものにとどめる、経済が長期停滞に向かうリスクを低減するには、政府が多様な利害を調整して国を一つにまとめ、改革を進めることが大切だ。それができないと、一体、国がどこに向かおうとしているのか分からないという不安が、経済全体を覆ってしまう。

改革には、失業や企業倒産の増加など、幾多《いくた》の「痛み」が伴う。しかし、その痛みを恐れ続けていると、新しい需要は生み出されない。まさにバブル崩壊後の日本がそうだったが、これこそが、経済の長期停滞の最大の要因と考えられる。

経済の停滞は、その国の魅力が薄らぐことにもつながってしまう。一九九八年、当時のアメリカ大統領だったビル・クリントンが訪中した。その際、彼は同盟国である日本に立ち寄らなかった。当時のアメリカにとって、日本はバブル崩壊後の対応が遅れ、ずるずると停滞への道を歩んでいるように見えたのだろう。当時のクリントン政権は、成長期待が低下傾向にある日本と話をするよりも、改革を進め今後の成長期待が高い中国との交渉を優先したのだ。

このクリントン大統領の行動は、海外の政府や企業が「ジャパン・パッシング（日本素通り）」の動きを強める契機になった。では、中国はどうなるか――。

海外に手出しできなくなる中国

不動産バブルが崩壊すると、まず中国共産党の求心力が低下する。鄧小平の時代以来、中国の国民は、共産党の指導に従えば経済成長が実感できると信じてきた。それが、一党独裁を支えたともいえる。中国共産党が、漢民族や少数民族、地方政府や企業関係者の信認を維持していくためには、経済成長を実現していくしかない。

問題は、人件費の高騰や世界的なサプライチェーンの混乱などに直面し、すでに中国が、世界の工場としての地位を低下させつつあることだ。そのうえ、リーマンショック後の中国経済は、ある意味、人為的に支えられてきた……投資牽引型の経済運営によって。そして、これも限界を迎えつつある。もう中国政府は、債務に依存してインノラ投資を重ねることはできない。

前述の通り、すでに中国における資本の効率性は、はっきりと低下している。今後のインフラ投資では、使った金額だけ一時的に、ＧＤＰは増える。が、道路や鉄道網などの整備が進んできた中国で、新規のインフラ整備が物流の効率化や人々の利便性向上につながり、企業の競争力を高めるとは考えづらい。

同時に、地方政府は借り入れによってインフラ開発を進め、目標とする成長率の水準を達成しなければならない。それが、地方政府の幹部の人生を左右する。投資依存を脱することが難しい中国ではあるが、現状は、借り入れに依存した経済運営を続ける以外に妙案が見当たらない。中国は、間違いなく、成長の限界を迎えつつある。

見方を変えれば、中国共産党は大きなジレンマに直面している。本来であれば、中国は、不動産バブルの鎮静化《ちんせいか》を目指す必要がある。さらに、債務と補助金に依存した経営を続けているゾンビ企業の淘汰を進め、経済全体でのバランスシート調整や不良債権処理、あるいは金融システムの安定化など、様々な改革が不可避だ。

こうした改革の重要性を、共産党政権は十分に理解している。しかし改革を進めると、一時的に中国経済の成長にはブレーキがかかる。そうして失業が増えれば、国内の不満が高まる。土地開発が行いづらい内陸部では、その不満がさらに爆発することも考えられる。チベット自治区や新疆ウイグル自治区などでは、少数民族が自由を求め、中央政府への反対運動を行う可能性もある。国内から海外への資本流出が加速化し、人民元が大きく減価してしまう恐れもある。

こうなると、共産党政権が現在の状況を維持することは難しくなる。バブルの後始末、人口の減少、社会保障制度の不備、民族問題などが顕在化するとともに、中国の海外に対する発言力は低下するだろう。

また、海洋進出のために振り向ける財源を、国内対策に用いなければならなくなる。すると、中国の存在感は一層、弱まっていくはずだ。

中国バブル崩壊で朝鮮半島は激変

国際社会における中国の影響力が低下すると、世界の情勢に様々な変化が生じる。特に北朝鮮情勢は重要だ。国際社会における中国の発言力が低下していくと、北朝鮮は従来以上のエネルギーをもって、独裁政権の維持のための時間を稼ごうとするだろう。また、核開発が再加速し、朝鮮半島の緊張が高まる事態も排除すべきではない。

金日成《キムイルソン》、金正日《キムジョンイル》、金正恩《キムジョンウン》と三代続いてきた金一族にとって、核兵器の開発は、独裁政権を続けるための「お守り」であった。核兵器を保有している以上、アメリカは北朝鮮に手を出すことができない。反対に、北朝鮮が核兵器を手放すと、金一族による独裁政権は転覆の危機に直面する。

中国も、北朝鮮が独裁体制を維持するため核兵器を開発することを黙認してきた。ただ、それがあまりに鮮明化し、アメリカの怒りを買う展開は避けなければならない。

ちなみに二〇一九年六月の中朝首脳会談では、金正恩朝鮮労働党委員長が、「中朝関係は無敵だ」と述べた。これを見ると、北朝鮮が当面の中国との付き合い方を把握したように思える。

このように考えると、中国の国際社会における地位がどのように変化していくかは、朝鮮半島情勢に大きな影響を与える。長期的に考えた場合、中国の経済成長率が低下し、共産党政権の求心力が低下していくと、中国が北朝鮮を従わせていくことは難しくなる。中国共産党の求心力低下は、中国国内だけでなく、朝鮮半島の不安定感を高める恐れもあるのだ。

そう考えると、習近平国家主席が経済の安定を実現し、共産党の長老をはじめ国内からの不満や批判を解消することができるか否かは重要だ。

中国バブルが崩壊したとき、北朝鮮は再度、独裁体制の維持のため、核開発や大陸間弾道ミサイルの発射実験などを繰り返すだろう。それによって、アメリカや中国が平壌《ピョンヤン》に目を向け、金独裁政権の要求に耳を傾けるよう仕向けるのだ。

また、中国の北朝鮮に対する影響力が低下した隙《すき》に付け込み、ロシアが北朝鮮との関係を強化し、朝鮮半島への影響力を強めていこうとすることも考えられる。

その際、韓国の対北朝鮮政策がどのようなものであるかも重要だ。

北朝鮮との融和を重視する人物が韓国の最高意思決定権者である場合は、アメリカと韓国の関係がぎくしゃくし、朝鮮半島全体の不安定感が高まることも考えられる。そうして韓国とアメリカの関係が冷え込んだ場合、日本の重要性は高まる。極東地域の安全保障体制の維持のため、国際社会における日米関係の重要性が、従来以上に高まるだろう。

いずれにしろ、中国バブルが崩壊したとき、北朝鮮情勢が大きく変化するのは間違いない。

国家資本主義を捨てられぬ習近平

世界の政治、経済、安全保障を考えるうえで、アメリカと中国の関係は、絶対に無視できない。中国バブルの崩壊に向けて、当面、貿易を中心に、米中摩擦は激化していく。

過去、アメリカは他国に対し、制裁関税などを適用することによって、自国のいうことを聞かせてきた。たとえば、一九八〇年代後半から九〇年代にかけて、日米間では「半導体摩擦」が起きた。当時のアメリカは、わが国が世界の半導体市場でシェアを高めていることを問題視し、日本製のパソコンやカラーテレビに制裁関税を適用した。またアメリカは、わが国に対し、市場開放や内需拡大の要求など、様々な圧力をかけた。

わが国は安全保障をアメリカとの同盟関係に依存している。そのため、市場開放などを求めるアメリカの要求を受け入れざるを得なかった。

しかし、中国は異なる。習近平国家主席は、中国を中心に世界の繁栄を実現するという「中華思想」を重視してきた。長期的に、アメリカと中国の覇権国争いは続く可能性が高い。

そのため中国政府は、二〇一九年四月までは、公共事業などで景気を支えつつ、徐々に経済改革を進めようとしてきたといえる。そうすることによって経済の安定を目指し、覇権強化を追求しようとしてきたのだ。

その四月に開催された政治局中央会議では、サプライサイド構造改革に力を入れるとの文言が多用された。このころまでは、李克強《りこっきょう》首相や劉鶴副首相といった「改革派」が、共産党内の経済運営方針に影響力を持っていたとの見方もある。

ただ、二〇一八年以降の中国経済の減速は、習近平国家主席をはじめとする共産党幹部にとって「想定外」だったと見られる。地方の共産党幹部などの反発に直面した習近平は、経済の改革よりも保守派への配慮を優先せざるを得なくなった。

この結果、二〇一九年五月上旬、中国はアメリカと約五ヵ月をかけて作成してきた合意文書案（七分野一五〇ページ）のうち、法的拘束力を持つ部分などを削除したうえで一〇五ページまで内容を圧縮・修正し、一方的にアメリカに送り付けた。これは中国が、アメリカとの交渉において、自国の経済運営に関して一切の譲歩は行わないという意思表明を行ったことに他ならない。

中国が重視していることは、補助金などを用いて国内の経済を支えつつ、人工知能などの先端分野で技術開発を進め、国内外の5G通信網整備におけるシェアの獲得や、人工知能を用いた監視カメラシステムの開発、さらには宇宙開発の加速などを急速に進めることだろう。それが実現しなければ、中国バブル崩壊の刻が早まる。

しかし、中国が「国家資本主義」の考え方を改める展開は考えづらい。習近平政権が支配基盤を保持していくためにも、国家資本主義を手放すことはできないだろう。

また中国は、表向きは外国企業の知的財産権などに配慮を示しつつも、技術の吸収を重視し続ける可能性がある。アメリカは、中国に対する警戒感を日に日に強めるだろう。

米中両国が追加的な関税率引き上げなどを続けると、グローバル化の進展に伴い世界の工場としての存在感を発揮してきた中国の地位は、さらに低下するだろう。サプライチェーンの混乱が一段と深刻化し、世界的に企業の設備投資にはブレーキがかかるはずだ。それは、雇用環境の悪化を通した個人消費の減少につながる恐れもある。

それに加え、中国や新興国などでは、債務問題が深刻化している。景気が悪化して株式などの資産価格に下落圧力がかかるなかで債務問題への処理を進めることは、口でいうほど容易なことではない。こうしてディープインパクト不況に突入する日も近づいてくるのだ。

アジア諸国が変える中国の姿勢

二〇世紀前半以降の歴史を振り返ると、世界経済の中心はイギリスからアメリカへ移ってきた。リーマンショック以降、国際社会では中国の存在感が増し、世界の中心はアメリカからアジアへと、徐々にシフトしていると考えられる。

現在、人口が増加基調にあり、インフラ開発の進捗《しんちょく》や工業化の進展が見込まれるアジア新興諸国の発言力が高まりつつある。アフリカ大陸に比べ、アジア各国の社会情勢の安定感は相対的に高い。そのため、アジアの新興国には、今後の世界経済を支えるとの期待が集まっている。

二〇〇八年九月にリーマンショックが発生するまで、世界経済はアメリカの考えを中心に運営されてきたといえる。ところがリーマンショックの発生以降、世界の基軸国家としてのアメリカの地位は、明らかに低下した。

すなわち、大国主導の時代を経て、アジア新興国の地位が高まりつつある。こうした変化は、国際社会が特定の国を基軸とした体制から、多極化へ向かいつつあることと同義だ。今後の注目点は、国際世論のなかで存在感を高めるアジアの新興国と関係を強化できるかどうかだ。この点において、わが国への期待は高いといえる。

先述した多極化とは、各国の利害が食い違いやすくなり、一つの方向に収斂するのが難しくなる状況と言い換えることができる。各国の利害調整が容易ではない状況は不安定だ。実際、アジア新興国の主張などを見ていると、中国に寄り添いつつも、アメリカとの関係も重視している。

こうした不安定な側面が増えてきた一つの要因として、経済成長が期待しづらくなっていることがあるだろう。「この考えに従っていけば豊かになれる」という、明確かつ分かりやすいビジョンを見出《みいだ》しづらくなっている。

わが国が経験し、中国や韓国などが直面しているように、理論的には構造改革を進めることが重要だと分かっていても、実際にその痛みに耐えることは難しい。為政者は、現状の経済状況を温存し、支持者にとって耳触りの良い主張を行い、世論の不満を解消しようとする。その結果、国内や地域内での利害の対立が表面化し、調整が難しくなっている。

こうした状況下、中国は、需要取り込みのためにアジア諸国への影響力を強めてきた。これに対してアジア新興国は、中国との関係を重視する面を見せつつも、中国を警戒している。

海洋進出などの圧力に加え、中国が各国に融資を行い自国に従わせようとする「債務の罠《わな》」への警戒感を強める国も増えている。アジア新興国は中国との距離感を測りつつ、アメリカや日本の出方を見極めようとしているのだろう。

それは、スリランカやマレーシアなどにおいて、親中派から対中慎重派へと政権が交代したことからも確認できる。二〇一六年にフィリピンの大統領に就任したロドリゴ・ドゥテルテも、対日・対米・対中、いずれの関係をも重視しつつ、中国の習近平国家主席に対しては直接、南シナ海の領有権問題について「仲裁判決は最終的なものであり拘束力がある」と主張するなど、国際法に則《のっと》った主張を行っている。

また二〇一六年には、アメリカ政府がベトナムへの武器禁輸措置を撤廃した。これは、中国への脅威がベトナム戦争で戦火を交《まじ》えた両国の結び付きを強めたことを示す。

最終的に、どの国においても、人々は、自由に、自らの権利が認められた状況で、生活を送りたい。経済成長が進むとともに人々は自己実現を重視し、自由を尊重するようになる。アジア新興国にそうした考えが拡散していけば、中国の姿勢も変わらざるを得ないだろう。

中国バブル崩壊の衝撃に日本は

不動産バブルがはじけ、ディープインパクト不況を経験したあと、中国は、時間をかけて少しずつ「普通の国」に向かう可能性が高いと見る。ただし、本書で述べてきた通り、これから数多くの試練を乗り越えなければならない。

いずれにしろ、近い将来、中国バブルは崩壊する。問題は、崩壊のスピードがどうなるか、である。緩やかなペースで中国経済が減速するのであれば、わが国をはじめ世界各国が対応することは可能だ。しかし、急速に資本が海外に流出するなどして中国経済が大きく混乱すると、世界経済全体に大きな影響が及ぶ。

また、実体経済の急速な悪化よりも、金融市場における資産価格の急速な下落がトリガーになり、大規模な経済危機が発生することが多い。その点で、中国の不動産価格などがどのように推移していくかを、世界は注目していかなければならない。ディープインパクト不況の衝撃を少しでも軽減するためにも。

では、日本は中国バブル崩壊に対し、いかに対応していけば良いのか。何よりも、中国以上のスピードで、経営資源が最先端の分野に再配分されるよう環境を整えることだ。

重要なことは、従来、わが国が強みとしてきた自動車、工作機械、化成品、半導体関連の素材や機器に関する技術力を高めることに加え、新しい取り組みを進めることである。すでに、スマートフォンをはじめとするITデバイスの分野で、わが国は完全に出遅れてしまった。

しかし可能性が残る分野も多い。前述した半導体の素材や工作機器のほかに、人工知能（AI）がある。

アメリカや中国は人工知能を用いてビッグデータを分析し、従来には把握されてこなかった人々の行動などをとらえ、需要を生み出そうとしている。同時に、人工知能を用いて実際に起きていることを、より正確に、よりスピーディーに把握することも重要だ。すでに、日本企業の多くも人工知能を用い、より効率的なインフラ管理や農作物の生産、さらには省人化への取り組みを進めている。

人口の減少という点において、わが国は世界各国から注目されている。そのなかで、人工知能をはじめとする新しいテクノロジーを実用化して、人々の満足度を高めることができるか否かは重要だ。先端分野の競争力を高め、経済の安定を目指してダイナミックな取り組みを進めることができれば、わが国との関係強化を目指す国は増えるだろう。

二〇三〇年の中国の「国家大乱」

本章で述べてきた条件のもとに、二〇三〇年ごろの世界経済の状況を思い浮かべると、「不確実性の増大」と呼ぶにふさわしい展開が見える。

リーマンショックから約一〇年の間、世界経済はそれなりの安定を謳歌してきた。世界の株価は史上最高値を更新した。同時に、低金利も一段と深まり、一時、ドイツでは、すべての国債の流通利回りがマイナスに落ち込んだ。その一方、中国を筆頭に、不動産価格は上昇している。

押しなべてすべての資産の価格が右肩上がりの景気となるのは、経済の理論では想定されてこなかった事態だ。低金利の環境に安住するようにして、中国経済は不動産の価格上昇を頼りに、地方経済の成長などを目指してきた。

しかしながら、山が高い分、谷は深くなる。これは、世界の景気循環の教訓だ。すでに中国が経済成長の限界を迎えつつあることを考えると、ここから先の一〇年は、世界経済が景気の谷に向かう展開を想定したほうが良い。

今後の展開を考えると、短期間で世界経済が大崩れし、リーマンショック時のような混乱が発生する可能性は、まだ抑えられている。しかし数年のあいだに、中国で不動産バブルがはじけ、成長の限界が露呈することは避けられないだろう。

それに伴い、世界の政治・経済は大きく変化する。中国は一党独裁体制のもとで経済を運営してきたが、それが困難となる、そんなシナリオにも蓋然性《がいぜんせい》がある。

この考えに基づくと、二〇三〇年、中国は政治と経済の両面で、かなり厳しい状況を迎えているだろう。不動産バブルの崩壊を経た中国経済が、「国家大乱」ともいえる不安定な状況に直面している恐れもある。

また、中国の成長をよりどころに政治と経済の安定を目指してきたアジアをはじめとする新興諸国も、大きな混乱に直面している可能性がある。現状、中国に代わるだけの人口やダイナミズムを持つ国が見当たらないからだ。

アメリカも低迷するなかロシアは

一方、経済戦争の相手たるアメリカはどうか。中国バブルの崩壊後、アメリカ経済の実力も低下していくだろう。

すると有権者は、自らの置かれた厳しい状況への怒りを募らせ、自国を重視した政策を連邦政府に求める。アメリカは世界の基軸国家としての役割よりも、世論の支持を得る姿勢にさらに傾く。二〇三〇年ごろには、その展開が鮮明化しているだろう。

この状況を言い換えよう。二〇三〇年ごろのアメリカは、一九八〇年代半ば以降の「グレートモデレーション（大いなる安定）」の終焉を迎えているだろう。アメリカの政治は自国重視の傾向を強め、世界の政治・経済の連携には綻びが生じる。グローバルに不確実性が高まっているだろう。

では、二〇三〇年ごろのヨーロッパ経済はどうか。ユーロ圏を中心に、マイナス成長が常態化しているかもしれない。そしてユーロ圏の崩壊が現実のものとなっている恐れもある。あるいは、経済力のある国がユーロから離脱したり、EUから脱退したりしていても不思議ではない。

そうなると、第二次世界大戦後の長い時間をかけて進んできたヨーロッパ統合の夢は終焉を迎え、各国の経済連携は逆回転する。移民・難民問題も抱え、ヨーロッパの混乱には拍車がかかっていくだろう。

EUの経済は、自力で需要を生み出すのではなく、ドイツを中心に中国の需要を取り込んで繁栄してきた。言い換えれば、ヨーロッパの経済は、海外経済の好転という「光」を反射する「月」の経済だ。それだけに、中国の成長が限界を迎え、低成長局面に移行するにつれ、ユーロ圏を中心にヨーロッパの経済は、塗炭《とたん》の苦しみを経験するだろう。

こう考えると、加盟国の財政政策の統一が実現していないなか、単一通貨ユーロの持続性が担保され続けると信じるのは難しい。紆余《うよ》曲折《きょくせつ》が考えられるものの、二〇三〇年までに、ユーロの信認そのものが低下している可能性が高い。

そうした状況下、ロシアは、トルコとの関係をさらに強化し、東欧諸国への圧力を強めるだろう。加えて、アメリカの政治が内向きになり、中国も自国の安定に腐心する状況に付け込み、ロシアは極東や中東地域への影響力を強めている可能性がある。

この状況は、かなり不安定である。第二次世界大戦前、列強各国が自国の事情だけを重視し、ブロック経済圏の整備を目指した状況に似ている。

次項では、このような二〇三〇年の世界経済の状況を念頭に置きつつ、中国やアメリカをはじめとする世界経済が直面しうる展開を考えてみたい。

上海総合指数は一〇〇〇以下に

ここまで述べてきた通り、リーマンショックのあと中国共産党は、投資によって経済成長率を人為的に「嵩上《かさあ》げ」してきた。本来必要とされる以上に投資を重ね、一時的なＧＤ

P成長率の目標達成を続けてきたのだ。

本書で何度も触れてきた中国の不動産バブルの崩壊――これが数年以内に発生すると想定してみよう。中国政府はどのような対処法を採るのだろう。

まず、従来以上に公共事業を増やし、人為的に景気を維持しようとするのではないか。それは、一九九〇年代の日本が行ったように、すでにある「ハコモノ」を増やし、利用されることの少ない道路などのインフラ建設を行い、建設業などの雇用を保護しようとした考えに酷似する。すなわち、継続することは不可能だ。しかし、恐らく二〇二〇年代の前半、あるいは中頃にかけて、中国はそうした状況を迎える可能性が高い。

効率性が低下したうえに収益を生まない投資が繰り返されると、どうしても債務の質、すなわち信用力が低下する。中国が改革の痛みを先送りし、債務に依存して景気を支えようとすればするほど、不良債権は雪だるま式に増える。

逆にいえば、不良債権を減らすには、収益を生み出すことのできない投資案件や企業を整理して、再度、人々が成長への期待を抱くことのできる状況を整備するしかない。それができないと、貸し出した資金の回収に関する不安心理が増幅され、不良債権が増えてしまう。

これは、ダムに土を投げ入れ続けたために水質が悪化し、湖底にヘドロが溜まってしまい、気づいたときには生物の生息が不可能な状況になることに似ている。さらにはヘドロが堆積することで、ダムが決壊する恐れもある。

中国の景気対策は限界を迎え、いまや「ダム決壊」のような経済混乱に向かいつつあるように見える。それは、濁流が下流の村々を呑み込むような勢いで、中国の金融と経済、さらには政治（統治体制）を揺るがす。

まず、株価はかなりの勢いで下落し、その後も低迷するだろう。鄧小平が南巡講話を発表する以前、上海総合指数の水準は、一〇〇〇ポイントを下回っていた。南巡講話以降、中国は輸出を梃子《てこ》に経済成長率を高めた。リーマンショック後は、投資に経済成長のエンジンをシフトさせた。

二〇三〇年ごろ、中国が新しいテクノロジー開発を軸とした成長に移行することが難しく、不良債権問題が雪だるま式に膨張する状況に直面しているとすれば、上海総合指数は一〇〇〇ポイントを下回っている可能性が高い。

経済の成長が行き詰まり、そのうえに巨額の債務処理の負担やゾンビ企業の整理、加えて一党独裁体制の機能不全、あるいは共産党への求心力の低下など、様々な負の現象が連続して起こる——そのマグニチュードは計り知れない。それは、「国家資本主義体制」という従来の経済運営が維持できなくなり、中国の経済が推進力を失うことを意味する。

別の言い方をすれば、不動産バブルが崩壊すると中国は、以下に述べる「デット・デフレーション」に向かう恐れがある。経済成長率が低下するということは、需要が低迷することに他ならない。それは、物価の上昇ペースの鈍化につながる。

成長率の低下から、債務の返済負担が増大する。企業などは債務返済を優先し、設備投資を減らすことになる。これがさらなる需要低迷につながり、広範なモノやサービスの価格が持続的に下落し始める。これがデフレだ。

また、債務返済のために資産売却も進み、株価や不動産価格は低迷する。このようにして、物価と資産価格の下落が連鎖反応のようにして続き、経済全体が停滞するのが、デット・デフレーションだ。筆者は、二〇三〇年までに中国が、この状態に陥っている蓋然性《がいぜんせい》が高いと見る。

そうなると、中国本土からは資金が急速に流出し、人民元の売り圧力は増大する。それを中央銀行の介入などによって食い止めることは困難だ。状況によっては一ドル当たり一〇元まで、あるいはそれ以上に、元安が進む恐れすら排除できない。

歴史を紐解くと、通貨の暴落は、売りがすべて出尽くすまで続く。かなりのマグニチュードで売りが進み、過半の市場参加者がリスクをとって良いと考えられるまで、それは続く。その圧力は、いかなる政策的な効力をも上回るだろう。

そのほか、企業の倒産の増加に加え、地方政府のデフォルトも発生するだろう。その結果、チベット自治区や新疆ウイグル自治区などの少数民族の不満が増大し、中国の社会情勢は不安定化に向かう。二〇三〇年にかけて、そうした動きが鮮明化する恐れがある。

リーマンショック以上の衝撃

リーマンショック後の世界経済にとって、中国経済の存在はあまりに大きかった。二〇一九年ごろまで世界経済が相応の安定感を維持してこられたのは、アメリカが緩やかな景気回復を維持すると同時に、中国が状況に応じて公共事業を積み増すなど景気刺激策を進めてきたからだ。

言い換えれば、中国の経済成長の限界が鮮明化するなか、アメリカだけで世界経済の安定を支えていくことは難しい。この事実もディープインパクト不況の背景にある。

二〇三〇年、世界は不確実性の時代を迎えている可能性があると記した。それまでの経路を考えると、まず、中国経済の行き詰まり懸念を受けて各国の成長率が低迷する。この結果、各国が自国の事情を最優先し、国際社会は多極化へと向かう。

国際社会の基軸がなくなる、すなわちGゼロになるというよりも、世界各国の利害の衝突や宗教上の対立などが鮮明化していくだろう。

第二次世界大戦までであれば、利害の対立が軍事衝突によって解消された。しかし今日の軍事衝突は核兵器の使用を伴い、地球を崩壊させる恐れがある。であるならば、経済成長率の向上や経済環境の安定は、各国間の利害対立を解消するために重要なファクターとなる。経済成長率が低迷すればするほど、国際世論は多極化に向かいやすいともいえよう。

アメリカは他国との同盟を強め、対中包囲網を形成するゆとりを失っている。結果的に各国の利害はまとまりを欠き、自国重視の展開が想定される。リーマンショック時のように主要国が政策の連携を進め、一致団結して経済の危機的状況に対応するのは難しくなった。

このように考えると、中国の不動産バブル崩壊のマグニチュードはリーマンショックを上回ると考えたほうが良い。不動産バブル崩壊のリスクシナリオを考えたとき、リーマンショック以上の経済的な混乱が世界を直撃する可能性は排除できない。

実際にそうした状況が現実のものとなれば、世界経済の成長率は、一時的にマイナス水準に落ち込むだろう。リーマンショック翌年の二〇〇九年、世界のGDP成長率はマイナス〇・一%だった。それ以上に成長率が落ち込む可能性もある。

それに伴い、世界全体で株価や商品価格、そして不動産の価格も暴落する。世界全体で株価は平均して五〇%程度下落する。あるいはさらに株価が下落し、その後、相場が低迷する展開も考えられる。

WTI原油先物（アメリカの代表的な原油の先物商品）は一バレル二〇ドルを下回り、リスクオフとリスク回避心理の高まりから、金価格が急騰することも考えられる。世界的に企業の倒産は増加し、一部の国がデフォルトに陥る展開もあり得る。

世界経済の日本化とは何か

中国の不動産バブル崩壊の直撃を受けたアメリカ経済は、景気後退を迎え、低成長の長期化が懸念される。すると政府は、需要を刺激するために、財政出動を行うだろう。

ただ、トランプ政権下で財政悪化が進んできたため、さらなる財政出動は財政健全性への懸念を高める。景気が低迷するなか財政が悪化し、金利が上昇する、「悪い金利上昇」が発生することも考えられる。

この状況下、アメリカ連邦準備制度理事会（ＦＲＢ）がマイナス金利を導入するだけでなく、大規模に量的緩和（ＱＥ）を進め、景気の安定と物価の安定に注力する可能性が高い。これは、世界経済の日本化、いわゆる「ジャパニフィケーション」の一つの例だ。

一方のヨーロッパでは、中国経済の減速に伴い、ユーロ圏の銀行不良債権問題が深刻化する恐れがある。ヨーロッパでは、日米と異なり、銀行のバランスシートの健全化が進んでいない。それは、ヨーロッパの銀行セクターが、外部のショックに対してより脆弱《ぜいじゃく》であることを意味する。

銀行の破綻《はたん》処理に関しても、ドイツやイタリア、あるいは欧州委員会などで意見が異なり、収斂《しゅうれん》されていない。ドイツやイタリアを中心に大手金融機関の経営破綻が連鎖し、金融システム不安が生じるリスクは徐々に高まっていくだろう。

すると金融システムへの不安から、ユーロ圏を中心にヨーロッパは景気後退局面を迎える。イタリアを中心に、財政への懸念が高まることも避けられないだろう。このイタリアではポピュリズム政党が台頭しているだけに、財政悪化は亢進《こうしん》するかもしれない。

こうした状況が続くと、ヨーロッパ全体で、経済は長期停滞に向かう可能性が高い。つまり、経済成長率は○《ゼロ》％近傍で推移する状況が想定されるということだ。

特にユーロ圏では、デフレ経済に突入し、その状況が長く続くだろう。この結果、ユーロ圏は分裂の危機に直面することもあり得る。各国で自国第一を掲げる政治家が台頭し、ユーロ圏の政治的な連携は一段と難しくなる。

アジアで最も脆弱な韓国経済

アジアなどの新興国では、多くの国において、経済成長率は短期的に○％近傍、あるいはマイナスに落ち込むだろう。その後の回復は、国ごとに、かなりの違いを見せるだろう。タイのように産業基盤がしっかりしている国に関しては、経済の落ち込みが比較的短期で済む可能性が高い。

このアジア地域のなかで、最も懸念されるのは、韓国だ。一言でいえば、韓国の先行きはかなり暗い。

前述の通り、韓国は、中国の需要を取り込んで景気を支えてきた。中国の不動産バブルが崩壊すると、韓国経済は長期停滞に向かう恐れがある。その懸念を反映して、韓国からは、資金が大規模に海外に流出するだろう。一つのイメージとしては、一九九七年のアジア通貨危機の再来と思《おぼ》しき状況が現実になるのだ。いや、もっと厳しい現実が突きつけられるかもしれない。

韓国の家計債務は相当のスピードで増加してきた。さらに、経済を支えてきたサムスン電子をはじめとする大手財閥企業の経営も、いまは非常に厳しい。すでに「世襲経営」の限界に直面し、経営の危機に瀕する錦湖《クムホ》アシアナ財閥のようなケースも出ている。

加えて、サムスン電子などに関しても、どこまで自力で技術開発ができるかについては疑問符が付く。なぜなら、韓国の半導体や鉄鋼など幅広い産業活動は、わが国の技術力と支援に依存してきたからだ。

さらに韓国では、前述の通り、大手金融機関や事業法人における外国人投資家の持ち株比率が高い。現在は、上場株式時価総額の約五〇%を外国人投資家が保有している。中国経済が行き詰まり、韓国経済が停滞すると、ウォンが売られる。すると、短期保有が中心の外国人投資家は即刻、株を売却する。韓国経済全体で、資金繰りへの懸念が高まるだろう。

この結果、韓国そのものの支払い能力への懸念が高まることも考えられる。その状況が現実のものとなれば、韓国が自力で経済運営をすることを諦《あきら》め、ＩＭＦ（国際通貨基金）に支援を要請することもあり得る。いや、ディープインパクト不況に遭えば、必ずそうなるといっても良い。

日本では一ドル六〇円もある

中国経済の成長や一帯一路構想のもと、中国からのインフラ開発支援を受けてきた新興国でも、経済成長率は大きく落ち込むだろう。中東やアフリカなどではイスラム原理主義に傾倒する若者などが増え、テロの増加など、政情が不安定化することは避けられない。

欧米諸国が自国の事情を最優先しつつあることを考えると、世界各国がこうしたリスクに対応できるかどうか、その点はかなり不確実だ。

では日本はどうか。超巨大な中国バブルの崩壊を受けて、わが国経済も景気後退に陥るだろう。日経平均株価は史上最安値を更新し、為替レートは一ドル六〇円台に向かう可能性もある。国内ではデフレ再来に対する懸念から、個人の消費が落ち込み、企業の海外進出が加速するだろう。

そうした環境下、日銀が、金融政策の正常化に取り組むことはできないはずだ。さらなる金融緩和が行われ、銀行は、口座の維持・管理手数料を徴収しなければ営業できなくなるだろう。

社会心理は悪化しやすい。先行き不安の高まりから、人口減少のスピードも加速化するはずだ。すると従来以上に、日本経済は苦境に立たされる。

ここまで述べてきたように、二〇三〇年にかけて中国の不動産バブルがほぼ間違いなくはじけ、世界経済は大きな混乱に直面するだろう。それは筆者にとって、もはや可能性ではない。脳裏にくっきりとイメージできる世界経済の姿、いやディープインパクト不況の実像なのである。

終　章　絶望的な数字、そして絶望した人々

各種数字が示す中国経済の大失速

ここまで述べてきた中国発のディープインパクト不況が、いよいよ世界を覆い始めた。それは各種の統計、数字、そして人間の動きを見れば顕著になる。

まず二〇一九年六月二日付の「ロイター」は、〈二年以内に償還を迎える中国企業の社債は、過去最大の一兆五〇〇〇億ドルに上っている〉と、その予兆を伝えている。一兆五〇〇〇億ドルといえば、約一六〇兆円である……。

当然、デフォルト（債務不履行）も激増している。中国の急増する債務デフォルトに関して警鐘を鳴らしている専門家は多い。

中国企業の私募債デフォルト（債務不履行）は二〇一九年、過去最悪の水準に膨らんだ。中国経済の減速が重しとなるなかで、体力の弱い企業は公募債の返済を優先させている。

実際、中国の私募債発行体が二〇一九年一～八月に怠った支払いは三一八億元（約四七五〇億円）と、二〇一七～一八年の二年間全体を合わせた二六七億元よりも多かったことが、中国の大手格付け会社、中誠信国際信用評級のデータで分かっている。年初来の中国の社債デフォルト総額も、前年の同じ時期と比べ五一％増え七八四億元となっている。

こうしたことに関連するのか、二〇一九年二月一七日の「日本経済新聞」は、以下のような事実を報じている。

〈中国企業がドルの調達に苦戦している。ドル建て社債の発行金利は直近三カ月の平均で七・八％と、一年前（五・六％）に比べ二％も上昇した。満期までの期間も〇・七年ほど短くなり、調達環境の悪化が鮮明だ。国内で多発する債務不履行や、景気減速に伴う業績低迷が金利高につながっている。調達コストの上昇が続けば業績や資金繰りを圧迫し、中国経済の新たな重荷になりかねない〉

また、イギリスの資産運用情報会社であるプレキンが公表した最新統計では、二〇一九年四〜六月の中国企業へのベンチャーキャピタルは九四億ドル（約一兆一七八億円）で、前年同期の四一三億ドル（約四兆四七〇七億円）と比べて大幅に落ち込んだ。一方、アメリカ企業に対しては同一五％増の二七七億ドル（約二兆九九八八億円）となっている。

さらに、以下のようなことが中国で起こっている。

北京を本拠地とするリクルーティング企業Zhaopin.comのデータによると、中国のインターネット企業の求人件数は二〇一八年の第４四半期に、前年同期比で二〇％の減少となった。アナリストらは国内景気の減速が、企業にさらなるプレッシャーを与えると見ている。

リスク回避の動きは金融セクターにも広がっている。北京の調査企業Zero2IPOのデータによると、二〇一八年にプライベートエクイティ企業が調達した金額は一・〇一兆元（約一六・六兆円）だったが、これは二〇一七年に比べ三〇％近い減少となる。

投資家らが先行きへの懸念を高めるなかで、中国の小規模なスタートアップ企業は試練の時を迎えている。上海の多くのスタートアップ企業は資金を調達できず、人員削減に乗り出しているとの見方が有力だ。

個人消費も経常収支も大幅に悪化

中国の個人消費もどんどん冷え込んでいる。二〇一八年の新車販売台数は二八年ぶり前年割れとなったが、低迷するのは工業製品も同様で、鉄鉱石相場は二〇一九年八～九月で前年比一六％も下落している。

また中国の経常収支も、米中貿易摩擦によるサプライチェーンの寸断や「世界の工場」としての地位低下から、赤字になりつつある。経常黒字は急速に減少しており、二〇〇七年の経常黒字はGDP比一〇％であったが、二〇一八年は〇・四％にまで減少した。

二〇一九年三月二〇日付「日本経済新聞」はイギリスの「エコノミスト」誌を翻訳し、以下のように伝えているが、正確な分析だと思うので引用する。

〈つい二〇〇七年までは、中国の経常黒字は国内総生産（GDP）比一〇％で、一般的に経済学者が健全とする水準を大きく上回っていた。それは当時、米連邦準備理事会（FRB）議長だったベン・バーナンキ氏が「世界的な過剰貯蓄」と表現した現象を象徴していた。中国のような輸出大国が、他国から収入を得る一方で支出をせずにため込んでいた状況を指す。中国の巨額黒字は、裏返せば米国の赤字を意味し、世界経済の均衡が取れていないことを象徴していた。

だが、それは過去の話だ。中国の昨年の経常黒字はGDP比〇・四％。米金融大手モルガン・スタンレーのアナリストの予想によると、中国は今年、一九九三年以降で初めて経常赤字に転落し、それが今後何年も続くという。（中略）

経常収支悪化の基本的な理由は、中国が輸入を大幅に増やす一方で、輸出が苦境に直面しているためだ。世界輸出に占める中国の割合は二〇一五年の一四％をピークに少しずつ低下している。そこに米国との貿易戦争という逆風も加わった。同時に輸入は急増してい

る。中国の財の貿易黒字は一八年、過去五年で最低を記録した〉

中国からの海外投資も激減

また、中国から北アメリカやヨーロッパへの海外直接投資も激減しているようだ。ベーカー&マッケンジー法律事務所が米調査会社ロジウム・グループと共同で作成した二〇一九年一月のリポートによると、中国から北アメリカとヨーロッパへの海外直接投資は二〇一八年に七三%減少し、三〇〇億ドルと、六年ぶりの低水準を記録した。アメリカが案件の審査を厳格化したことや、中国による対外投資規制が影響したようだ。

すでに二〇一八年九月二八日、中国商務省は、二〇一七年の中国の対外直接投資が前年比一九%減の一五八二億ドル（約一八兆円）だったと発表していた。二〇〇二年の統計開始以来、初めての減少である。世界の国・地域別の投資額は日本に抜かれて前年の二位から三位になった。

原因は、中国政府が資本流出規制の一環として中国企業による海外企業買収の審査を強化したことである。中国政府は二〇一六年末以降、不動産、スポーツチーム、エンターテイメント産業などへの投資を認めていない。

アメリカ向けの投資額が前年比六二％減の六四億ドルへと急減したことも響いた。アメリカが国家安全保障などを名目に、中国企業によるベンチャー企業への投資を認めなかったケースが相次いだからだ。

工場の国外流出で大量の失業者が

こうした状況を横目にして、世界的企業が生産拠点を中国から移す動きも、いま本格化している。二〇一九年六月一九日付の「日本経済新聞」は、アップルが主要サプライヤーに生産能力の一五〜三〇％を中国から東南アジアに移すよう検討させていると報じた。

時事通信も二〇一九年九月三日付で、〈日本企業、脱中国シフト加速＝第四弾制裁の影響抑制で―米中摩擦が投資心理圧迫〉と題し、以下のように伝えている。

〈自社製品への高関税を回避するため、日本企業は米国向け製品の脱中国シフトを急いでいる。リコーは第四弾に備え、米国向け複合機の生産を七月に中国からタイに切り替えた。京セラも、北米に輸出する複合機の生産を今年度中にも中国からベトナムに移す方向で準備する。カシオ計算機も、中国で生産する時計のうち、米国向けはタイでつくる方向で検討中だ。各社とも、中国以外の拠点で生産を代替《だいたい》できる体制を整えてきたため、柔軟に対応できるという。

ソニーは「できるだけ事業に対するネガティブな影響を緩和していく」（十時裕樹《ととき　ひろき》専務）との方針だ。中国で生産している家庭用ゲーム機「プレイステーション4」やカメラなどが影響を受ける見通しで、値上げや生産移管を検討している。任天堂は今年夏、中国で製造している「ニンテンドースイッチ」をベトナムでも生産し始めた。

シャープは、ベトナムに新設する工場で二〇年度から空気清浄機や液晶ディスプレーなどを生産する。東南アジア事業拡大が新設の目的だったが、米中摩擦の影響を回避する生産拠点としても活用する方針だ〉

一方、韓国のサムスン電子は、中国の恵州《けいしゅう》にあるスマートフォン工場を一〇月末に閉鎖する。これにより中国でのスマホ生産から完全に撤退することになる。これには、中国での需要低迷や労働コスト増加が影響した可能性がある。サムスンはODM（相手先ブランドによる設計・生産）を拡大し、スマホ生産拠点をインドやベトナムに移管する。二〇一八年一二月には、既に天津《てんしん》の工場を閉鎖している。

また、日本貿易振興機構（JETRO）は二〇一九年四月一九日に、以下のようなレポートを発表した。

〈台湾の行政院（内閣に相当）の蘇貞昌《そていしょう》院長は、二〇一九年一月から実施されている「歓迎台商回台投資行動方案」（中国大陸で事業を行う台湾企業の台湾への回帰投資を促進するアクションプログラム、以下プログラム）の実施状況について、既に二四社が審査を通過しており、四月末には三〇社となる見通しを示した。条件を満たせば、台湾域内の投資で優遇を受けられるプログラムで、今後、企業数は五〇社に達し、台湾における投資額は一〇〇〇億台湾元（約三六〇〇億円、一台湾元＝約三・六円）、一万一〇〇〇の就業機会創出が見込まれる〉

こうした動きを受けて、中国人労働者の失業も顕在化している。日本の農林水産省に当たる中国農業農村部は、二〇一八年一二月初旬までに約七四〇万人の農民工が都市部から地元に戻ったと発表した。

また、中国の独立系経済学者が、二〇一九年五月、米中貿易摩擦の影響が労働市場に及ぼす影響を伝えた。中国の輸出関連業の従業員と家族、その合計約四億人が影響を受けるとする見方が有力だ。

二〇一九年秋、中国のベンチャー起業家の旗手、アリババ集団の創業者・馬雲《ばうん》（ジャック・マー）氏が同社の会長を退任した。ＩＴ最大手の騰訊控股（テンセント・ホールディングス）創業者・馬化騰《ばかとう》氏、パソコン最大手の聯想集団（レノボ・グループ）の創業者・柳伝志《りゅうでんし》氏も、関連会社の要職から退いた。

――中国バブル崩壊という巨大隕石の直撃を逃れるかのように。

真壁昭夫

1953年、神奈川県に生まれる。法政大学大学院政策創造研究科教授。1976年、一橋大学商学部卒業後、第一勧業銀行（現みずほ銀行）に入行。ロンドン大学経営学部大学院、メリルリンチ社への出向を経て、みずほ総合研究所調査本部主席研究員などを歴任。2005年から信州大学で、2017年から法政大学で教鞭を執る。また、行動経済学会評議員、日本FP協会評議員も兼任する。著書には、『2050年 世界経済の未来史　経済、産業、技術、構造の変化を読む！』（徳間書店）、『MMT（現代貨幣理論）の教科書』（ビジネス教育出版社）、『仮想通貨で銀行が消える日』（祥伝社新書）などがある。

講談社＋α新書 341-2 C

ディープインパクト不《ふ》況《きょう》

中国バブル崩壊という巨大隕石が世界経済を直撃する

真《ま》壁《かべ》昭《あき》夫《お》 ©Akio Makabe 2019

2019年11月20日第1刷発行

発行者――――― 渡瀬昌彦

発行所――――― 株式会社 講談社

東京都文京区音羽2-12-21 〒112-8001

電話 編集(03)5395-3522

販売(03)5395-4415

業務(03)5395-3615

カバー写真――― Getty Images

デザイン―――― 鈴木成一デザイン室

カバー印刷――― 共同印刷株式会社

印刷―――――― 株式会社新藤慶昌堂

製本―――――― 牧製本印刷株式会社

本文組版―――― 朝日メディアインターナショナル株式会社

Printed in Japan

ISBN978-4-06-518274-1